자신을 사랑하며
살아가기

나침반

자신을 사랑하며 살아가기

만족한 삶

삶 가운데 벌어지는 가장 큰 전투는 세상이라는 외부의 전쟁터에서 벌어지는 싸움이 아니다. 그것은 우리의 마음속에서 벌어지는 내적인 강한 적들과의 전투이다.

이러한 내적인 도전들은 많은 사람들이 그랬던 것처럼 우리 자신을 파괴시키고 효율성을 떨어뜨리며 성취감과 행복의 수준을 감소시키게도 하지만, 또한 우리에게 최선을 가져다 주는 촉매제로 작용할 수도 있다.

나는 내적 도전들을 이러한 촉매제로 작용하게 하려는 목적으로 이 책을 썼다. 우리 중 누구도 자신의 환경과 태어나는 때를 선택하지는 못하지만, 살아가는 환경에 적절히 반응하기 위해 다양한 선택을 하고 있다.

나는 이 책에서 우리가 싸우고 있는 가장 어려운 몇 가지 문제점들을 과연 하나님이 어떻게 보시는지 알기 위해 노력하였다. 상한 감정

으로부터 벗어날 수 있도록 도우려 했다. 그런 후에 필요에 따라 성
경이 주는 영적인 지침들을 적용할 수 있도록 했다.

모든 내적인 전투에서 이김으로써 더 나은 삶을 영위하며, 만족하
는 사람이 되도록, 하나님께서 당신을 도우시기를 기도한다.

해롤드 J. 세일라(Harold J.Sala)

차례

1.
당   신   은
참으로 당당한 존재이다

소크라테스는 "너 자신을 알라!"라는 이 한 마디 격언으로 유명해졌다. 이 아테네의 현자는 제자들에게 자신을 아는 것이 사람을 깊이 이해하는 필수조건이라고 가르쳤다.

그러나 자신의 마음속을 들여다보고 삶의 신비와 우리의 행동요인을 생각했던 사람은 소크라테스만이 아니었다.

소크라테스 이전, 적어도 6세기 전에 지혜로운 이스라엘의 왕 다윗도 인간의 본성에 대해 생각했다.

다윗은 이렇게 기록했다.

"주의 손가락으로 만드신 주의 하늘과 주께서 베풀어 두신 달과 별들을 내가 보오니 사람이 무엇이기에 주께서 그를 생각하시며 인자가 무엇이기에 주께서 저를 돌보시나이까"(시 8:3~4).

자신을 이해하고자 시도한 사람 가운데 인간 본성의 복잡함을 고찰했던 저자는 다윗 이외에 또 있다. 구약성경 중 잠언은 솔로몬 때에 만들어진 지혜 문학의 정수이다.

이 책에서 우리는 인간의 참된 본성을 찾기 위해 많은 사람들이 노력했다는 사실을 알 수 있다.

최근에는 사람의 본성과 행동을 연구하는 학문인 심리학을 통해 자신을 이해하는 통찰력을 배운다고 하지만 하나님의 말씀이며 성령의 감화하심으로 쓰여진 성경을 통해서 우리는 인생과 삶에 대해 더욱 깊이 이해할 수 있다.

우리에게 행동을 하게 만드는 힘과 압력은 물론, 우리 자신을 이해하기 위해 노력하는 시간은 정말 값진 일이다.

예를 들어, 살면서 늘 충족되지 않는 욕구를 가진 사람이라면 모든 가능성 속에서 좌절하게 될 것이다. 이러한 좌절은 사람들과의 무의미한 관계를 형성하고, 가장 흥미가 없는 상황에 자신을 연결하는 결과를 초래할 것이다.

게다가 자신에게 진정으로 필요한 것이 무엇인지, 그러한 필요를 어떻게 충족시킬 것인지를 이해하지 못하는 것은 자녀들에게도 이어져 역시 자신의 삶 속에서 채워지지 않는 공백을 느끼며 자라게 될 것이다.

자신을 이해하는 것은 좋은 부모가 되기 위한 첫걸음이다.

1. 당신은 유일한 개체이다.

오늘날 우리는 잘못된 개인주의에 대한 얘기를 많이 듣는다. 그러나 따지고 보면, 대부분은 전혀 심각한 개인주의자들이 아니다. 오히려 어떤 압력으로 인하여 개성을 상실한 채 다른 사람들과 똑같은 모습으로 살아가고 있다.

개인주의란 것이 아름답고 정당하며 선할 수 있다는 생각보다는, 이상하고 별난 것으로 생각하는 경향이 있다. 그러나 하나님은 우리를 하나의 개체로 만드셨다. 오늘날의 집단 세계 속에서 우리 개개인의 고유성을 하나님이 직접 고안하셨다는 사실을 잊어서는 안 된다.

수정이 될 때 형성되는 유전자와 염색체의 배열은 우리를 유일한 존재로 만들어 준다. 우리 몸 속의 3조 개의 세포는 지구상에 있는 60억의 사람들 모두 조금씩 다르게 배열되어 있다. 그러나 우리는 우리 몸이 경이로울 정도로 복잡하다는 것을 잘 생각하지 못한다.

7년마다 우리의 몸은 3조 개의 세포를 새롭게 교체한다. 그리고 이 과정은 나이를 먹어가면서 점점 느리게 진행된다. 뇌는 몸의 신경 중심으로 작용하는 놀라운 기관이다.

우리가 모르고 어떤 뾰족한 물체 위에 앉게 되면 즉시 신경통로를 통해 메시지가 뇌로 전달되고, 그 메시지를 전달받은 뇌는 반대의 경로로 아프다는 것을 소리내면서 표현하도록 명령을 한다.

그런데 놀랍게도 이 모든 것이 거의 동시에 일어난다.

예일대학의 심리학자 닐 밀러(Neal Miller) 박사는 뇌가 지구상에서 가장 복합적인 조직이라고 말했다. 뇌는 1,000억 개의 세포 또는 뉴런으로 구성되어 있고, 이들 각각은 섬유조직에 의해 다른 신경조직과 연결되어 있다.

또한 우리 몸은 환경에 적응하는 놀라운 공기 조절 장치를 가지고 있다. 피부에는 2백만이 넘는 작은 땀선이 표면에 있다. 1인치 면적에 300개 정도 있는 이 땀선이 우리의 몸을 적정 온도로 유지하도록 통제하고 있는 것이다.

심장은 사람의 주먹보다 조금 더 큰데, 정맥과 동맥을 통해 피를 몸 속으로 내보낸다. 위는 3천 5백만 개의 선 안에 점액을 숨겨두었다가 음식물이 들어오면 소화의 진행을 돕기 위해 점액을 배출한다.

이 액은 탁자에 묻은 매니큐어를 녹일 만큼 강한데, 우리 몸에는 전혀 해롭게 작용하지 않는다는 것이 놀랍다. 그러나 우리는 이 모든 것을 당연한 것으로 여긴다.

"222, 334번 뇌세포, 빨리 일을 시작해. 너희들은 임무를 수행하지 않고 있어."

이렇게 일일이 말할 필요성을 느끼지 못한다.

자, 이제 이것이 어떻게 개체인 우리에게도 적용되는지 보겠다.

이 세상에는 우리 자신과 똑같은 마음을 가졌거나 똑같은 생각을 하는 사람은 단 한 사람도 없다. 그리고 아무도 당신의 눈으로 보고, 귀로 듣고, 다리로 걷고, 당신의 손으로 물건을 잡을 수 없다.

세상의 어느 누구도 당신이 느끼는 대로 느끼지 않는다.

당신은 이 세상에서 유일한 사람이다.

우리의 입장은 세상 속에 살고 있는 다른 이들과 다르다. 우리 자신이 다른 누구와도 같을 필요가 없다는 것을 받아들이는 것은 실로 엄청난 자유를 준다.

우리는 하나님이 고안한 감성과 인성을 가졌고, 하나님의 형상으로 지음 받은 개체로서의 자신이 될 수 있다.

다이아몬드, 에메랄드, 루비는 모두 값진 보석들이지만 각각의 고유성과 특징에 있어서 차별화된다. 또 어떤 다이아몬드도 정확히 같을 수는 없다. 색깔, 잘린 형태, 투명함 등으로 인해 다르게 결정된다. 한 가족 내에서의 개별적 차이점들도 이와 같은 것이다. 두 아이가 같은 가정, 같은 부모님 밑에서 자라고 친구까지 같을지라도, 그 둘은 많은 면에서 서로 다를 수 있다.

우리는 자신만의 모습으로 살아가는 것이 괜찮다는 것을 이해해야 한다. 하나님께서 그분의 형상으로 지으신 우리 각자에게 주신 은사와 재능은 어느 누구도 같지 않기 때문이다.

2. 당신은 영적인 존재이다.

진정으로 자신을 이해하고 싶다면 자신을 고도로 진화한 동물 정도로 생각하지 말아야 한다. 우리는 정확하게 분리될 수 없을 만큼 복잡한 감정적, 영적 필요를 가진 인간이기 때문이다.

우리의 감정은 영적인 삶에 영향을 미칠 것이고, 영적인 삶은 옳고 그름에 대해 감지력, 죄책감, 혹은 하나님의 뜻에 순종하고 있는지에 대한 분별력 등에 영향을 미치게 된다.

우리는 본래 영적인 존재로서 개체이다.

인간은 하나님의 형상으로 지음 받은 필연적인 영적 존재이다. 그래서 영적 본성을 가지고 있다. 성경은 인간이 하등 형태의 생명과 구별되는 것은 바로 영적이고 도덕적인 본성을 지닌 존재이기 때문이라고 말하고 있다. 그러나 우리가 영적 본성을 잃어버리게 될 때, 우리의 행동은 하나님을 마음속에 모시지 않고 하나님에 대한 고찰 없이 사는 사람들과 같게 될 것이다.

구속의 이야기는 아주 단순한다. 그것은 어떻게 죄와 반역이 인간을 하나님으로부터 멀어지게 만들었는지에 대한 이야기이고, 사랑하는 아버지가 자신의 아들을 보내어 우리와 하나님 사이에 멀어진 관계를 연결하는 이야기이며, 다시 하나님과 교제할 수 있게 된 이야기이다.

선지자 이사야는 말했다.

"우리는 다 양 같아서 그릇 행하여 각기 제 길로 갔거늘"(사 53:6).

때때로 우리는 잘못된 것임을 알면서도 그것을 즐기며 행하고 있는 자신을 발견하기도 한다. 바울은 로마서 7장에서 우리의 본성에 일어나는 이러한 충돌을 이야기했다.

아마 당신도 그 모습 속에서 자신을 볼 것이다.

"내가 행하는 것을 내가 알지 못하노니 곧 내가 원하는 것은 행하지 아니하고 도리어 미워하는 것을 행함이라 만일 내가 원하지 아니하는 그것을 행하면 내가 이로써 율법이 선한 것을 시인하노니"(롬 7:15~16).

바울은 자신이 하고 싶지 않았지만 행해버린 일들과, 하고 싶었지만 하지 않은 채 내버려 둔 것들을 말하고 있다.

그는 많은 사람들의 절망에 대해 탐지하면서 이렇게 기록했다.

"오호라 나는 곤고한 사람이로다 이 사망의 몸에서 누가 나를 건져내랴"(롬 7:24).

이것은 우리가 때로 자신과 다른 사람을 아프게 할 것을 알면서도 어떤 일을 행하고, 동시에 그러한 행동이 올바른 행동과 차이가 나는 것에 대해 늘 고뇌하는 우리의 모습을 보여준다.

당신은 스스로를 어쩔 수 없는 사람이라고 포기하고 자신에게 화를 내며, 언젠가 변화되기를 바란다. 그에 대해 바울은 성령의 힘으로 변화가 가능하다고 답을 제시한다. 그리고 로마서 8장 1절에는 이렇게 기록했다.

"그러므로 이제 그리스도 예수 안에 있는 자에게는 결코 정죄함이 없나니."

믿는 자로서 우리는 하나님의 임재 안에서 설 수 있고, 죄책감으로부터 자유롭고 의로워질 수 있다. 왜냐하면 우리는 죄사함을 받았기 때문이다. 바울은 말한다.

"하나님이 죄를 알지도 못하신 이를 우리를 대신하여 죄를 삼으신 것은 우리로 하여금 그 안에서 하나님의 의가 되게 하려 하심이라"(고후 5:21).

하지만 그것은 우리의 육체와 성령 간의 끊임없는 싸움이 완전히 사라져버린다는 것을 뜻하지는 않는다. 그러나 하나님의 자녀로서 달라진 것은 바로 우리가 하나님의 뜻에 따라 살 수 있는 능력이 생겼다는 것이다.

그것이 바로 우리 안에 있는 그리스도의 힘이다.

많은 사람들은 우리가 살고있는 시대의 경향에 따라 판단함으로써 성경의 하나님은 우리가 수행할 수 있는 범위를 넘어 너무 많은 것을 요구한다고 생각한다. 다시 말해, 하나님은 정말로 그런 뜻으로 말씀하신 게 아닐 거라고 생각한다.

그러나 복음의 기쁜 소식은 내주하신 하나님의 능력 때문에 우리의 삶이 변화되고 풍성해 모든 것이 가능하게 된다고 말한다.

3. 당신은 엄청난 가치를 가진 사람이다.

개인적인 질문을 하나 하겠다.

당신은 자신을 좋아하고 있는가? 아니면 다른 사람이 되고 싶은가?

만약 자신을 좋아하지 않는다면, 왜 자신을 좋아하지 않는가?

다양한 이유들을 추측해볼 수 있다.

"나는 나의 외모가 맘에 들지 않아."

"난 내 몸매가 싫어."

"난 그냥 평범할 뿐이야."

"난 그런 재주를 타고나지 않았어."

"난 성격이 그리 좋지 않아."

"난 그 친구처럼 머리가 좋지 않아."

"난 말도 똑똑하게 하지 못해."

마음만 먹으면 스스로를 우울하게 할 수 있는 이런 일은 무궁무진하다. 가정생활을 위한 지침(Guidelines for Family living)이라는 라디오 프로그램의 한 청취자가 다음의 사연을 보내 왔다.

"내 동생은 가슴이 작고 납작해서 많이 속상해 해요. 동생은 체격이 큰 사람보다 작은 사람에게 더 잘 어울리는 예쁜 옷들이 훨씬 더 많다는 사실을 받아들이질 못해요. 제부와 조카들은 모두 그녀를 무척 사랑하지만 동생은 늘 그런 자신의 몸에 대해 고민하며 산답니다."

꼭 여성들만 자신에 대해 불만을 가진 것은 아니다.

다음과 같이 말하는 남성들도 많다.

"나는 척추뼈가 잘못 배열되어 있는 불구자입니다. 그래서 저는 늘 아프고 약합니다. 가끔 나는 왜 하나님이 내게 이런 삶을 견디면서 고통을 받게 하시는지 이해할 수 없습니다. 내 못난 모습 때문에 다른 사람의 웃음거리가 되고 조롱을 받기도 합니다. 그 아무도, 내 아내조차도 진정 나를 이해하지 못합니다."

당신이 자신의 모습에 행복하지 않다면 다른 사람과의 관계에서도 행복할 수 없다. 자신이 싫어하는 당신의 결점을 다른 사람들 속에서 발견하게 될 것이고, 그로 인해 당신은 그들에게 불쾌감을 표현할 것이다. 또한 자신과 화목하지 못할 때, 하나님과도 화목할 수 없다. 아마 이렇게 생각할 것이다.

"하나님이 나를 이렇게 만드셨어. 그러니까 내가 이렇게 된 건 정말 그분의 잘못이야."

이 글을 쓰고 있을 때 몇 번이나 자신의 목숨을 끊으려고 시도한 한 십대 소녀가 생각났다.

그녀는 자신이 예쁘지 않다고 생각했기 때문에 자신을 미워했을 뿐 아니라 대부분의 다른 사람들까지 싫어했다. 부모, 선생님, 친구들까지 말이다. 단지 그녀의 모습과 비슷한 몇몇의 친구들에 대해서만 그다지 불만이 없었다.

그녀는 혼란스런 삶 속에서 의미를 찾으려고 애쓰면서 술, 마약, 그리고 섹스를 모두 경험했다.

그러나 현재 그녀는 다른 사람이 되었다. 우리 자신에 대한 반역이 실제로는 하나님에 대한 반역이라는 사실을 알게 되었기 때문이다.

우리는 하나님의 사랑에 반응할 수 있고, 우리의 모습이 어떠해야 하는지에 대해 하나님과 협력할 수 있는 유일한 동물이다.

자신의 가치가 예쁜 외모로부터 온다는 나약한 사고는 성형외과가 성행하게 만들었다. 주름살을 없애고, 지방을 제거하고, 가슴을 확대하며 이성에게 매력적인 모습을 만들기 위해서였다. 그리고 자신의 결점을 없애려는 수술 절차에 막대한 돈을 투자하게 되었다.

그러나 이러한 절차들이 부메랑처럼 자신에게 추한 결과를 가져올 수 있음을 인식해야 한다.

4. 당신은 자신을 사랑할 수 있다.

자신을 위한 사랑을 측정하는 것이 정말 잘못된 것일까? 당신은 아마 다른 사람을 사랑하기 위해서 자신을 낮추고 억눌러야 한다고 배웠을지 모른다. 우리가 서로 사랑해야 한다는 것은 맞는 말이다(요 13:34, 요일 4:7~8참조).

예수님은 크리스천에 대한 품질보증 중 하나가 믿는 자들 간에 이루어지는 사랑이라고 말씀하시면서, 그 사랑은 그리스도를 모르는 이들의 것과는 다른 것임을 명백하게 말씀하셨다.

이 사랑은 우리의 삶 속에 임재하시는 성령으로 인한 것이다. 하지만 하나님의 사랑이 믿는 자들을 통해 다른 사람에게 흘러가지 못하는 이유 중에 하나는 자신을 사랑하지 못하는 감정으로 변질되어 사랑의 감정을 억눌러버렸기 때문이다.

바울은 적당한 수준 이상으로 자신을 너무 높이 평가하지 말아야 한다고 했다(롬 12:3 참조). 그러나 그 역의 진리도 마찬가지이다. 적절하게 자신의 가치에 대해 생각하지 않는다면 그것 또한 잘못된 것이다.

그러면 예수님이 우리가 자신에게 하는 것과 같이 이웃을 사랑하라고 하신 말씀은 무엇인가?(마 22:39 참조)

이것을 말씀하실 때, 예수님은 우리가 스스로를 이해하고 자신의 재능과 능력을 인정하는 것이 마음속에 안도감을 가져다 줄 수 있음을 아셨다. 이웃 사랑을 배우고 싶다면 마음속의 이러한 안도감은 필수적인 사항이다. 오늘날 우리가 보게 되는 만연한 미움의 모습은 우리가 자신을 사랑하는 법을 배우지 못했다는 증거라고 할 수 있다.

이웃을 자신과 같이 사랑하라는 개념은 복음서에서만 나온 것이 아니다. 오래 전에 모세는 하나님의 명령을 충실히 기록했다.

"원수를 갚지 말며 동포를 원망하지 말며 네 이웃 사랑하기를 네 몸과 같이 사랑하라"(레 19:18).

자신을 사랑하는 법을 터득하지 못한다면 우리는 다른 사람을 사랑하지도 못할 것이다.

쇠렌 키에르케고르(Soren Kierkegaard)의 말을 인용하면 다음과 같다.

"이웃을 사랑하라는 명령을 잘 이해했다면, 그 반대도 적용되어야 할 것이다. 「같은 방법으로 자신도 사랑하라.」 그러므로 기독교를 통해 올바른 방식으로 자신을 사랑하는 법을 배우지 않는다면, 이웃사랑도 불가능할 것이다. 자신을 올바르게 사랑하고, 이웃을 사랑한다는 것은 서로 아주 유사한 개념이고, 근본적으로 같은 개념이기 때문이다."

『마음의 평화』(Peace of mind)라는 책에서 조슈아 리브만(Joshua Liebman)은 자신을 싫어하고 미워하는 부정적인 감정들이 자기 안에 존재하는 이상 다른 사람을 사랑하는 것은 아예 불가능하다고까지 말했다.

"자신을 미워하는 자, 자신의 역량을 적당히 존중하지 않는 사람은 다른 사람에 대한 존경심을 가질 수 없다. 마음 깊숙한 곳에서 그는 다른 이를 통해 자신의 손상된 모습을 보면서 형제를 미워할 것이다. 자신에 대한 사랑은 사랑하는 사회를 만들고 마음의 평화를 가져다주는 초석이기 때문이다.”

사랑하는 능력은 절대적으로 자신을 어떻게 생각하는지에 영향을 받는다. 어렸을 적에 부모로부터 들었던 질책과 꾸지람과 폭언들에 대해 말하는 사람들을 종종 본다.
“넌 아무 소용이 없어!”,
“너는 기질이 나빠!”
“넌 우리집에서 제일 멍청해!”

이런 말들로 인해 어린이는 자신을 낙오자나 별로 가치가 없는 사람으로 마음에 인정하기 시작한다. 자신감은 점점 사라지고, 결국 그런 가혹한 말들이 예언처럼 실제가 되어버리는 경우가 생기게 된다.

하나님은 그런 나쁜 생각들이 우리 머릿속에 주입되지 않아도 충분히 우리가 그 감정들과 싸우고 있다는 것을 알고 계신다. 하지만 우리는 하나님의 도우심으로 인해 변화될 수 있고, 부적절감과 열등감의 감옥에서 살 필요가 없다. 그것은 자신이 원하는 모습이 되기 위한 첫 단계가 될 것이다.

5. 당신은 변화될 수 있다.

많은 사람들이 실패의 상황 속에서 피난처를 찾는다. 자신을 동정하는 것이 변화를 위해 책임감 있게 계획을 짜는 것보다 훨씬 쉽다.

사람들은 자신의 어려움과 실패에 대해 다른 이들에게 끊임없이 말한다. 칙칙하고 불운한 구름 사이를 걷는 것 같은 자신들의 삶에 의해 얼마나 희생자가 되어왔는지 언제든지 말할 준비가 되어 있다.

아홉 명의 아이를 두고 집을 나간 남편 이야기를 할 수도 있다. 자신에게 일어난 불운으로 인해 스스로를 돕기는커녕 완전히 무기력한 상태라고 말할지도 모른다. 사람들은 그렇게 자신이 불행한 인생을 살고 있다고 스스로를 확신시키려 한다.

때로는 자신의 비참함에 대한 답답한 이야기를 하나씩 되짚어 가면서 위로를 찾으려 한다.

그러나 절대 그렇게 되지 말기 바란다!

윌리엄 글래서(William Glasser)는 정신치료학의 전통적인 접근법을 타파한 정신과 의사이다. 그는 우리의 과거가 미래를 파괴해서는 안 된다고 말한다.

실제로 그는 사람들이 자신의 실패에 대해 늘어놓는 시시콜콜한 이야기를 다 듣지 않는다. 사람들이 어려움을 계속해서 이야기하는 것을 "정신의학의 쓰레기"라는 용어로 묘사하기도 했다.

오히려 그는 많은 사람들이 "너무 많은 분석으로 인한 마비"에 시달리고 있다는 점을 강조한다. 자신의 삶을 변화시키기 위해 어떤 행동도 하지 않고, 무엇인가 이루어내길 원하지도 않으면서 단지 자신들이 어떻게 그런 어려움에 빠졌는지를 이야기하는 데 모든 시간을 허비하려 한다고 말한다.

변화를 가져오기 위한 움직임보다 말하는 것이 훨씬 쉽기 때문이다.

자신의 삶과 환경을 변화시키고자 한다면 세 가지는 필수이다.

첫 번째는 변화하고자 하는 열망, 두 번째는 변화를 위한 헌신, 그리고 마지막으로 세 번째는 끝까지 노력하는 것이다.

변화는 인간과 하나님과의 협력을 내포하는 동시에 우리의 삶을 향한 하나님의 뜻을 이루어 나감에 있어 신실하신 성령과 함께하는 것을 의미한다.

자신의 힘으로 모든 걸 해내려고 해보라. 그리 멀리 갈 수 없다는 것을 곧 알게 될 것이다.

왜냐하면 인간의 결심과 좋은 의도가 얼마나 연약한 지 곧 깨닫게
될 것이기 때문이다.

이전의 많은 사람들, 특히 당신보다 강한 사람들도 인생의 새로운
책장을 넘기려고 무척 노력해왔지만, 개혁을 위한 그들의 시도가 인
생이라는 책에 또 다른 지저분한 페이지를 남기는 결과만을 가져왔
다는 것을 기억하라. 성격과 행동의 변화에 있어서 성령은 세상에서
가장 큰 영향력이 있는 존재라고 할 수 있다. 그는 믿는 자의 삶을 하
나님의 계획과 목적에 부합하도록 이끌기 위해 역사하시는 분이다.
그러나 이러한 변화, 혹 힘은 인간이 하나님과 전적으로 협력할 때
활성화될 수 있다. 자기연민과 절망의 감옥 속에 머물러 있다면 성령
의 회복하시는 역사를 방해할 것이다.

당신이 변화될 수 있다는 사실을 정말로 믿는가?
당신의 키가 10센티미터 더 크지 않다고 세상에 화를 내는 대신에,
성령과의 조화로움 속에서 10센티미터 이상 높이 세울 수 있는 인성
을 개발해 나갈 수 있다.
경제적인 난관에 부딪혔을 때, 경제사정을 비관하고 하나님을 원
망하지 않으며, 지혜를 주시고 앞길을 인도해주실 하나님을 신뢰한
다면, 하나님의 도우심으로 그 어려움을 극복할 수 있는 계획을 수립

하게 될 것이다.

우리는 살아오면서 성장을 방해하는 실패나 가정에서 무시당하고 학대받았던 성장과정을 겪는 불리한 상황 가운데 있을 수 있다.

하지만 실패한 상황에 오래 머물면 머물수록 자신을 가두어버린 부정적 생각의 틀 속에서 벗어나기가 더 힘들어진다.

부정적 상황 속에 오래 머물러 있을수록 그 상황 속에 있는 자신이 편하다고 느낄 것이며, 상황의 함정 속에 더 깊이 빠져들게 될 것이다.

일단 삶이 달라질 수 있다는 생각이 들면 돌아보지 말고 자신과 화해하는 것이 필요하다.

어떤 부부가 열띤 논쟁을 하기 시작했다. 결국 좌절한 남편이 말했다.
"난 왜 하나님이 당신을 예쁘기만 하고 그렇게 멍청하게 만드셨는지 이해할 수가 없어!"
그러자 눈썹 하나 까딱하지 않고 아내는 이렇게 쏘아 붙였다.
"간단하지! 하나님이 날 예쁘게 만들어서 당신이 날 사랑하게 된 거고, 날 멍청하게 만들어서 내가 당신을 사랑하게 된 거 아니겠어?"
이 아내는 자신을 제대로 알고 있는가?

1. 남편의 말로 인해 아내가 정말 자신이 멍청하다고 믿는다면, 그녀에게 과연 어떤 영향이 미치게 될까? 그녀는 자신감을 상실한 자신을 어떻게 극복해 나갈 수 있을까?

2. 자신에 대해 진실이 아닌 부정적인 견해가 있다면, 아니 있었다면 무엇이었는가? 그것이 당신 삶에 가져오는 영향을 감소시키기 위해 어떻게 했는가?

3. 당신의 성격 중 삶 속에서 여전히 꿈틀거리는 부정적인 모습은 어떤 것인가? 확실하고 객관적으로 자신을 바라보라.

4. 성경에 따르면 자신을 사랑하라는 말은 자신을 육체적, 감정적, 영적으로 잘 돌봐서 다른 이에게 무언가를 줄 수 있는 상태가 되라는 것이다. 현재 각 부분에서 자신을 돌볼 수 있는 방법은 무엇이 있을까?

나쁜 기분 유지하기

우리 삶에 중요한 부분을 차지하는 사람이 부정적인 말을 할 때, 자신에게나 다른 이에게 상처를 줄 수 있는 반응은 두 가지가 있다.

1. 다른 사람이 말한 것을 쉽게 믿고, 그것을 자기 비하의 연료로 사용한다.

2. 성난 말이나 강력한 부인으로 비난을 퍼붓는다. 〈자기에게 문제가 있다는 것을 전혀 인정하려 들지 않는 경우 깊숙이 들어가 보면 단지 상처를 숨기고 있을 뿐이고 실제로는 심각한 타격을 받았다는 사실을 알 수 있다.〉

좋은 기분으로 살아가기

어떤 사람이 아브라함 링컨에게 한 장군이 링컨을 바보라고 칭했다고 말했다. 그러자 링컨은 이렇게 대답했다.
"그렇다면 내가 바보일 겁니다. 왜냐하면 그 사람은 늘 옳은 말만 하거든요."

1. 비판을 받게 될 때에는 잠깐 멈추어서 그 사람의 말도 일리가 있다고 한번 생각해보라. 하나님께서 자녀인 당신을 무한한 가치와 진가

를 가진 사람으로 보고 계신다는 것을 인식하고 있다면, 안도감을 가질 수 있게 될 것이다.

2. 당신이 올바르고, 그가 기본적으로 잘못 말하고 있는 것이라고 확신한다면 그냥 내버려두라. 그것은 당신에게나 상대와의 관계에 아무런 가치가 없는 일이기 때문이다.

2.

하나님이 주신 가치를 발견하라

한 텔레비전 방송국에서 리포터와 촬영팀을 거리로 보내
어 사람들에게 질문했다. 리포터는 질문을 시작했다.

"당신은 누구세요?"

효과적인 연구를 위해 질문을 하기 전에 먼저 마음속에 즉시 떠오
르는 세 가지를 답변하라고 사람들에게 말했다. 그리고 각 답변에 대
해 심리학적이고 사회학적으로 함축된 의미를 알아보았다.

어떤 사람이 "나는 남자다!" 혹은 "나는 여자다!"라고 대답한다면,

그 사람은 자신의 성적 정체를 인식하고 있는 것으로 여겨졌다. 만약 어떤 여자가 "음, 전 그냥 주부예요"라고 말했다면, 그녀는 아내와 어머니로서 자신의 역할을 생각하지만, 그 중요성에 대해서는 잘 느끼지 못하고 있다고 분석되었다.

어떤 남자가 "나는 사장이고, 주식을 보유하고 있으며, 가정을 중요시하는 사람입니다"라고 대답한다면, 그 사람은 삶 가운데 자신의 신분과 사회적 위치, 그리고 결혼의 의무성에 대해 잘 알고 있는 것으로 여겨졌다.

그렇다면 만약 당신이 상점가를 걷고 있는데 방송국 리포터가 다가와 마이크를 내밀며 "당신은 누구세요?"라고 묻는다면 어떻게 대답하겠는가?

오늘날 사회는 정체성에 관한 문제를 드러내고 있다.

거의 대부분의 여성 잡지를 보면 자신의 정체성을 발견하려는 여성들의 관심을 충족시키는 기사가 점점 많아지고 있다는 사실을 알 수 있다.

그러나 이런 문제에 직면한 것이 여자만이 아니라는 사실을 덧붙이려 한다.

상당수의 남자들, 특히 경영진에 속해서 상당히 돈을 잘 벌던 이들이 갑작스레 회사에서 명예퇴직을 당했을 때, 그들은 자신의 이미지에 대해 혼란스러워하게 된다. 더 이상 값나가는 양복도 필요 없고, 손에 광나는 가죽 가방을 들고 출근도 할 필요가 없다.

그들은 집에 있다가 구인광고를 찾아다닌다. 더 이상 집안 수입의 주요한 제공자가 아니고, 그것으로 인해 정체성의 위기에 직면하게 된다.

만약 이런 사람 중 한 사람이 "당신은 누구세요?"라는 질문을 받는다면, 그는 어떻게 대답해야 할지 잘 모를 것이다. "난 한때 …"

확실하고 명백한 정체감이 없을 때 우리는 부적절하고 불확실하며 불안정하게 느끼게 된다. 이는 우리를 두 가지의 극단으로 이끌 수가 있다.

먼저, 자신이 부적절하다고 느끼는 것은 '열등감'이라는 콤플렉스를 낳을 수 있다.

반면에 그 감정이 자신에게 심한 압력을 가하기도 한다. 이러한 과잉보상심리는 '우월감'이라는 콤플렉스를 낳게 된다.

그런 사람은 다른 사람들에게 자신을 드러내려고 노력하거나, 자신이 얼마나 괜찮은지에 대해 노골적으로 말하기도 한다.

그러나 진정 괜찮은 사람이라면, 사람들에게 굳이 말할 필요가 없다. 다른 사람들은 이미 알고 있을 테니까.

우리가 자신을 받아들이고 마음속에 자신에 대한 긍정적인 이미지를 심는 데 어려움을 겪는 이유 중 하나는, 하나님의 시각에서 자신이 얼마나 중요한지 이해하지 못하기 때문이다.

하나님에게 우리가 중요한 존재라는 사실을 감지하지 못할 때, 자신이 부족하다고 느끼는 감정은 삶의 모든 부분으로 조금씩 침투해서 결국 자신을 실용적 가치만 있는 사람으로 여기게 만든다.

또한 자신의 결함에 대해 수치를 느끼며 결과적으로 열등감과 부적절하다는 느낌을 갖게 된다.

자신에게 이렇게 질문해 본 적이 있는가?

"하나님은 내 삶을 어떻게 보고 계실까? 도대체 나는 중요한 존재일까?" 혹은 "나에게 일어나는 일이 정말로 중요한 사건일까?"

다음으로 이어지는 논리적인 질문은 이것일 것이다.

"그러면 도대체 내가 그에게 얼마나 중요한 걸까?"

예수님이 사역하실 때, 그분은 각 사람의 중요성을 절대 잊지 않으셨다. 삶 속에서 개인의 지위가 아무리 낮고 사소해 보인다 해도 말이다. 실제로 그분이 하셨던 설교들은 대부분 사회에서 중요하게 여겨지지 않는 사람들과의 대화를 통해 나온 것이었다.

아버지의 뜻에 관하여 예수님이 하신 말씀의 중요성을 생각해 보라.

그런데 그 중요한 말씀은 사회에서 버려진 여인과 우물가에서 나눈 대화 가운데 나온 것이었다.

당시 제자들은 놀랐다. 예수께서 그 여인에게 먼저 말을 걸었을 뿐 아니라 그 여인은 사마리아 여인이었기 때문이다. 그녀가 정오에 물을 기르는 것으로 보아 그녀의 평판이 좋지 않았다는 것을 알 수 있다.

대부분의 여인들은 이른 아침이나 오후 늦게 물을 길러 왔기 때문이다(요한복음 4장 참조).

그런데 예수께서 부정한 이 여인과의 만남 속에서 용서에 대해 강조하신 것이 아름다운 이유는 무엇인가?

그는 돌을 집어드는 대신에 자비와 용서를 베풀어주셨다.

"이제 가서 너의 부정한 삶에서 떠나라"고 그분은 지시하셨다(요 8:1~11 참조).

예수께서는 각 개인들을 대하실 때, 사회적인 고립과 민족적, 사회적 장애물을 건너지 못하는 동료집단의 허식을 뛰어 넘어서 바라보셨다. 그분은 관습과 전통을 개의치 않으셨고, 자신이 만난 각 사람 안에 있는 가치를 보셨다. 이것은 바리새인들을 아주 괴롭게 했던 부분이었다.

하나님께서 보시기에 당신은 가치 있고 소중한 사람이다.

각 개인을 향한 예수님의 태도는 구약 성경에 나타난 하나님의 태도를 반영하는 것이고 신약 성경이 쓰여지면서 더욱 자세히 보여지고 있다.

특별히 사도 바울은 에베소서를 썼을 때 인간의 가치에 대한 자신의 식견을 보여주었다. 그는 그리스도의 희생으로 인해 하나님께서 우리를 용서하셨을 뿐 아니라, 수용하시고 자녀로서 받아주셨다는 사실을 강조했다.

에베소서의 처음 몇 단락을 보면 믿는 자에 관한 몇 가지 사실을 강조하고 있다.

1. 하나님은 창세 전에 우리를 택하셨다(엡 1:4).
2. 하나님은 우리를 자녀로 삼으셨다(엡 1:5).
3. 하나님은 우리를 그리스도 안에서 받아주셨다(엡 1:6).

4. 하나님은 그리스도가 흘린 피로 말미암아 우리를 용서하셨다

   (엡 1:7).

수년 동안 나는 많은 사람들을 상담하면서 우리가 하나님의 시각으로 자신의 가치와 소중함을 이해하려 한다면, 위의 기본적인 진리들을 이해할 필요가 있다고 믿게 되었다. 자기수용의 관건은 예수님을 통해 하나님이 받아주셨다는 것을 알고 믿는 것이다.

에베소서 1장 6절의 킹 제임스(King James)역은 특히 이를 이해하는 데 도움이 된다.

"하나님이 그의 사랑하시는 자(그리스도) 안에서 우리를 받아들여 주셨다."

우리 사회에서 '수용'은 크게 세 가지 요소에 근거해 있다.

외모, 성과, 그리고 영향력이다.

백화점에 가보면 이러한 사실을 알 수 있다. 만약 늙고 약간 살이 찐 여자와 젊고 생기 있고 꽤 예쁜 여자 둘이 판매원을 기다리고 있다면, 판매원이 누구에게 먼저 도움을 줄지 주목해 보라. 성과도 마찬가지로 기본적으로 많은 성과를 올린 사람이 받아들여진다.

높은 점수를 따낸 학생이 가장 좋은 대학에 입학하게 마련인 것이

다. 그리고 적절한 연줄이 있는 아버지의 영향력은 때때로 성적이 좋은 사람보다 먼저 팀에서 선발되도록 만들기도 한다.

사회는 그런 식이다. 그러나 사회가 그런 식으로 수용을 하는 것과 달리, 성경은 하나님이 우리를 받아들이실 때 우리의 외모와 성과, 또는 영향력에 기초하지 않는다고 가르쳐주고 있다.

우리는 일반적으로 하나님은 선하다고 생각하기 때문에 우리가 더 선해지면 그분이 감동 받아서 우리를 받아주신다고 믿는 경향이 있다.

그러나 실제로 우리가 대단히 선하거나 선하지 않다거나 하는 것은 하나님이 우리를 받아주시는 것과는 아무런 상관이 없다.

"우리를 구원하시되 우리가 행한 바 의로운 행위로 말미암지 아니하고 오직 그의 긍휼하심을 따라 중생의 씻음과 성령의 새롭게 하심으로 하셨나니"(딛 3:5).

복음은 좋은 소식이다. 복음은 당신이 하나님께로 와서 용서와 도움을 간구할 때 어떠한 자아개발 프로그램도 요구되지 않는다는 것을 선포하고 있다.

하지만 하나님께서 선한 사람들만을 수용하실 것이라는 생각 때문에 사람들의 모습은 감정적으로 불구가 되어버렸다. 그들은 인생 여정 끝자락에 하나님이 하나의 선을 그린다고 믿는다.

만약 우리의 선한 행위가 나쁜 행위보다 많으면, 그때야 비로소 하나님께서 우리를 받으시고 용서하신다고 생각한다.

하나님의 용서에 대한 개념이 세워져 있지 않을 때 하나님이 우리를 용서하셨다는 진리를 완전히 받아들일 수 없다. 그리고 하나님과의 그런 관계를 확실히 받아들이지 않을 때 자신을 용서하는 것조차 힘들 뿐 아니라 거의 불가능하다는 것을 알게 될 것이다.

하나님의 관점을 이해하는 것, 즉 그리스도의 보혈로 인해 우리를 받아들이고 용서하셨다는 것을 이해하는 것은 자신을 이해하고 용서하는 데 있어 필수적인 것이다.

이렇게 마음속으로 말해 보라.

하나님이 나를 사랑하시므로 나는 자신을 사랑할 수 있다.

하나님이 나를 돌보시므로 나도 자신을 돌보아야 한다.

하나님이 나를 용서하셨으므로 나도 자신을 용서해야 한다.

하나님이 나를 받아주셨으므로 나도 자신을 받아들여야 한다.

▼그리스도의 죽음에 근거한 하나님의 수용

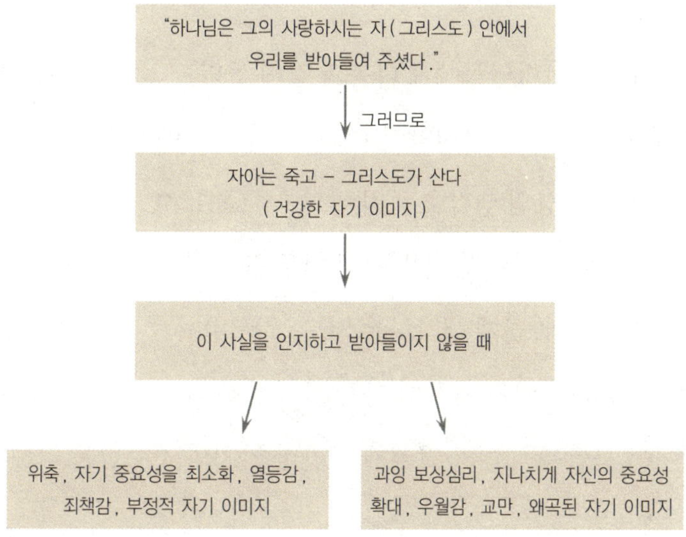

1. 자신에 대한 하나님의 생각을 과소평가할 때 나타나는 현상

십자가를 통해 하나님께서 우리를 온전히 받으셨다는 사실을 붙잡지 않으면 우리는 절대 제대로 자신을 받아들이지 못한다.

그리고 하나님께서 우리를 받아주셨다는 사실을 믿고 받아들이지 않는다면 자아 이미지는 영향을 받게 될 것이 분명하다.

하나님이 당신을 중요하게 여기신다는 사실을 과소평가할 때 다음과 같은 현상이 나타나게 될 것이다.

1) 하나님 앞에서 자신의 가치를 낮추게 된다.

사도 바울은 로마인들에게 다음과 같이 썼다.

"내게 주신 은혜로 말미암아 너희 중 각 사람에게 말하노니 마땅히 생각할 그 이상의 생각을 품지 말고 …"(롬 12:3).

앞서 살펴본 것처럼 자신에 대해 너무 높이 생각하는 것이 잘못이라면, 자신을 너무 낮게 생각하는 것도 잘못이다.

예수님이 하신 일들 가운데 가장 감격적인 것 중에 하나는 무의미해 보이는 사람을 데려와 그에게 무한한 가치와 소중함을 더해 주셨다는 것이다.

무가치하다는 느낌으로 시달릴 때, 기억하라, 아무 것도 갖지 않은 상태에서 예수님을 만난다면, 우리는 결코 아무 것도 아닌 상태로 끝날 수 없다는 것을 말이다.

우리는 하나님의 능력과 임재가 가득한 토기가 될 것이다. 무가치해 보이는 오래된 흙 항아리 안에 금을 백만 달러 어치를 집어넣는다고 하자. 내재된 가치가 얼마인가?

분명히 백만 달러이다.

이와 같이 그리스도가 개인에게 덧입혀질 때 그분의 보혈에 의해 우리는 회복된 엄청난 가치를 가진 사람이 된다.

모세는 40년 동안 그는 대단한 사람이라는 확신이 있었다. 바로의 아들로서 애굽의 대학에서 교육을 받았던 그에게 그 어떤 것도 미래를 준비하는 데 난관이 될 수 없었다.

그러나 살인범이 된 후 40년 동안 그는 애굽의 처벌을 피해 도망다녀야 했다. 그는 더 이상 자신이 대단한 사람이 아니라고 느꼈다. 그에게는 아무 것도 남은 것이 없었다. 그때 하나님이 그에게 나타나셨다.

"모세야, 바로에게 가서 내 백성을 구원하여라."

모세는 말했다.

"주여, 아닙니다. 저는 이 일을 감당할 사람이 아닙니다. 저는 이 사막의 양치기로 지난 40년 동안 살아왔을 뿐입니다."

그때 모세는 아무 것도 할 수 없다는 걸 깨달은 이와 협력하시는 분이 바로 하나님이시라는 것을 깨달았다.

그리고 이후 40년 동안 그는 하나님이 선택하신 이스라엘의 지도자가 되었다.

2) 부정적인 자기 이미지를 낳을 수 있다.

부정적인 자기 이미지의 징후는 수치심, 우울함, 부적절함, 그리고 무가치함과 열등감이다. 또 극도로 자신에 대해 냉소적이 되고 사람들로부터 멀어지기 시작한다. 다른 사람들처럼 해낼 수 없다고 확신하게 되고, 시도하려고도 하지 않는다. 자신을 아주 평범하고 못생겼다고 생각하게 된다.

그다지 머리도 좋지 않아서 진급의 사다리를 올라갈 수 없다고 생각한다. 그리고는 자신이 생각하는 부정적인 이미지에 맞추어 행동을 한다.

많은 사람들이 살아가면서 패배하고 무기력해진 것을 본다. 자신이 정말 아무런 가치가 없다고 여기기 때문이다.

어떤 이는 기독교 대학을 졸업했음에도 불구하고 과거부터 진행된 심리적 장애들 때문에 주일학교 교사나 심지어 교회 시설을 안내하는 일조차 맡으려 하지 않는다.

때때로 가족들은 문제를 축소시키기보다 문제를 부추기기도 한다. 어느 젊은 여인이 보내온 글을 소개한다.

"나는 스물일곱 살입니다. 인정하기 힘들지만, 나는 도움이 필요합니다. 엄마가 결혼 전에 나를 임신했고, 엄마는 그것 때문에 16살의 어린 나이에 결혼을 해야 했습니다. 가정은 늘 폭력적이었고, 그래서 나는 사랑받지 못하는 사람이라고 느꼈습니다. 내 남동생이 죽은 후에 나는 자살 위기를 겪었습니다. 그 결과로, 교회에서도 잘 어울릴 수 없게 되었습니다. 내가 하나님과 화해할 수 있을까요? 나는 자살하기를 원하고 있고 엄청난 죄를 저질렀습니다. 그래서 하나님의 완전한 뜻이 있다는 세계로 들어갈 수 없고, 하나님을 믿는다는 게 너무나 힘듭니다. 제발 제 편지에 답장을 해주세요. 마음이 아픕니다.”

이와 같은 가정환경 속에서 자랐다면 상처받지 않을 사람이 어디 있겠는가? 당신이 열등하다고 느끼는 감정과 싸울 때, 자신에게 질문해 보라.

“이 감정들이 하나님께로부터 온 걸까?”

물론 답은 부정이어야 할 것이다.

C. S. 루이스는 우리는 가끔씩 감정이 빠져 나갈 출구를 마련해야 한다고 말했다. 열등하다고 느끼는 건 한 순간이다. 그런 순간적인 감정들에 상관없이, 하나님이 보시기에 우리는 가치 있는 사람이라는 걸 수시로 스스로에게 상기시켜줄 필요가 있다.

당신이 허락하지 않는 이상 자신을 열등하다고 느끼게 할 수 있는 것은 없다.

3) 쓸데없는 죄책감에 시달린다.

자기의 중요성을 과소평가하는 사람의 또 다른 특성은 끊임없이 죄책감에 시달린다는 것이다. 사라가 그 경우이다. 딸을 낳고난 두 달 후에 처음 그녀를 만났다.

사라의 아이는 심장에 다섯 개의 작은 구멍이 난 채 태어났다. 의사들은 그 구멍이 아이가 자라면서 더 커질 것이고 고칠 방법은 없다고 했다. 그리고 아이의 수명은 약 2년 정도이고 심한 고통이 뒤따를 것이며 계속 통원치료를 받아야 한다고 했다.

소아 병동에서 나는 흰 가운과 마스크를 받아서 그 조그만 아기가 누워있는 방으로 들어갔다. 나는 아기 침대 옆에 서서 작고 천진난만한 아기의 얼굴을 내려다보았다. 그 어머니는 나를 쳐다보고 눈물을 흘리며 말했다.

"왜 하나님은 내가 잘못한 일 때문에 내 아이에게 벌을 내리시는 거죠?"

우리가 같이 병원 복도를 따라 걸을 때, 사라는 자랄 때 집에서 사랑을 거의 받지 못했다고 말했다. 그녀의 부모는 엄격하고 규율을 강요하는 사람이었고, 그녀에게 "네가 나쁘게 행동하면 하나님이 벌주실 거야"라고 자주 말하곤 했다.

그녀에게 하나님은 촌스러운 부츠를 신은 우주 경찰관 같은 모습이었고, 잘못하기만 하면 억지로 아스팔트 바닥으로 엎드리게 만드는 분으로 생각되었다.

열여섯 살이 되면서 사라는 하나님이 그녀에게 뭐라고 하시든 상관없이 인생의 재미를 느껴보기로 결심했다. 그리고는 한동안 부주의한 삶을 살았다. 몇 년이 지나 우연히 길을 가던 중 한 교회의 열린 창문에서 찬송이 흘러나오는 걸 들었다.

그녀는 망설이면서 교회 건물로 들어갔고, 거기서 하나님의 사랑과 용서에 관한 메시지를 들었다. 그녀는 하나님의 용서하심에 대해 이해하지 못했지만 앞으로 나아가 그리스도를 구주로 받아들이겠다고 기도했다.

그녀가 결혼한 후에 연이은 재난들이 닥쳤다. 재난이 생길 때마다 사라는 자신이 그리스도를 영접하기 전에 행했던 일 때문에 하나님이 벌을 주신다고 확신했다. 홍수가 나서 집안의 모든 가재 도구들이 파괴되면서 그들의 작은 집은 황폐해졌다.

첫 번째 아이는 사산되었고, 둘째 아이도 심장에 다섯 개의 작은 구멍을 갖고 태어났다. 그렇다면 과연 하나님이 사라가 이전에 행했던 일들 때문에 아이에게 벌을 주는 것일까? 물론 아니다!

"그런즉 누구든지 그리스도 안에 있으면 새로운 피조물이라 이전 것은 지나갔으니 보라 새 것이 되었도다"(고후 5:17).

그러나 사라는 그걸 깨닫지 못했다. 계속해서 느끼는 죄책감은 마치 하나님이 직접적으로 자기 가족에게 앙갚음을 하는 것처럼 느껴졌다. 그날 밤 나는 기도했다.

"오, 하나님. 이 아이를 살리셔서 당신이 우리를 용서하실 때 우리의 죄를 완전히 깨끗하게 씻어주신다는 진리를 사라가 알게 해주시옵소서."

결국 시간이 지난 후에 사라는 하나님이 자신을 용서해주셨으며, 아이에 관한 문제는 과거에 지은 죄에 대한 벌이 아니라는 사실을 받아들였다. 그리스도는 오래 전에 그들을 용서해 주셨던 것이다.

두 살 남짓 살 게 될 거라고 했던 그 아이는 내가 마지막으로 연락했을 때 아주 정상적이고 건강한 십대 소녀가 돼 있었다. 심장에 난 구멍은 모두 저절로 접합이 되었다. 이것이 기적이 아니고 무엇인가?

하나님이 보시기에 가치 있고 소중한 사람이라는 사실을 받아들이지 못할 때 또 어떤 일들이 일어날 수 있을까?

4) 개인의 외모가 무시되곤 한다.

부정적인 자아 이미지는 자신을 다음과 같이 생각하게 만든다.

"난 어떻게 해도 별 매력이 없으니까 몸매를 보여주는 것에 신경 쓸 필요가 없어."

우리는 곧 자신을 무시하게 되고 그다지 아름답지 않은 몸매에다 30파운드의 살을 더 찌우게 된다. 머리와 손톱을 단정하게 정리하는 데도 신경을 쓰지 않는다.

자신을 열등하다고 생각하기 때문에 열등하기를 기대하기도 한다.

부정적 자아 이미지의 감정에 시달릴 때, 이미 우리는 자신에게 두려움을 허락하고 있는지도 모른다.

하나님 보시기에 가치가 있다는 걸 깨달을 때에 우리의 몸은 하나님, 즉 성령이 거하는 전임을 깨닫게 될 것이다.

"너희 몸은 … 너희 가운데 계신 성령의 전인 줄을 알지 못하느냐 너희는 너희 자신의 것이 아니라 값으로 산 것이 되었으니"(고전 6:19~20).

갈보리에서 모든 값이 지불되었음을 안다는 것은 당신의 진짜 모습, 즉 가치 있고 소중한 존재로서의 자신을 알게 하고, 또 그렇게 살아가도록 하는 동기부여가 된다.

지금까지 열등감으로 시달리고 부정적인 자기 이미지를 가지고 있는 사람의 특징에 대해 이야기했다.

그러면 이제 그저 자기 자신을 있는 그대로 인정하는 자유로운 진리를 깨닫지 못하고, 자신도 알고 있는 자기의 단점들을 과잉보상하기 위해 애쓰는 사람들의 특징에 대해 살펴보겠다.

2. 과잉보상 하기 위해 애쓰는 사람들의 특징

1) 자신의 가치에 대해 부풀린 견해를 갖고 있다.

만약 그리스도가 행하신 것에 기초하여 하나님이 우리를 있는 그대로 받으신다는 것을 제대로 이해하고 있다면 세상에 대하여 우리가 얼마나 대단한지 입증할 필요가 있는가? 잘난 척할 필요도 없고 속일 필요도 없다.

어떤 사람은 자아가 하나님의 설 자리를 뺐는다고 말한다. 그러나 그리스도가 우리 안에 거하신다면 자아는 우리 마음 속에서 밀려날 것이다. 그때 우리는 실제인 자신의 모습을 찾게 된다.

그러나 자신을 수용하지 못하는 사람들은 그 자유를 알지 못한다. 그들은 자신들이 얼마나 중요한 사람인지 알려줘야만 직성이 풀린다. 그들은 자신을 절대적으로 필요한 존재라고 생각하지만, 결과적으로 희생을 치르기도 한다.

거드름을 피우며 "내가 얼마나 대단한데"라고 하여 친구들은 놀리고 그의 말을 무시해버린다. 그리고 그 사람의 생각과는 달리, 모든 것은 그 사람이 있든 없든 간에 똑같이 진행되며, 때로는 그 사람이 없을 때 더 순탄하게 진행되기도 한다.

2) 지위를 중요한 문제로 여긴다.

하나님이 우리를 있는 그대로 받으신다는 사실을 모르기 때문에 정체성을 찾으려 하고 사람들에게 자신이 사회에서 어떤 자리를 차지하고 있는지 알리고 싶어한다. 마찬가지로 가진 보석이나 재산에 주목하도록 한다. 당신의 이미지와 지위를 아주 중요하다고 여기기 때문이다.

우리는 누군가가 섬겨주길 바라고 정작 자신은 섬기려고 하지 않는다. 또한 사람들에게 좋은 집안 출신이고 괜찮은 학교를 다녔다고 알린다. 그리고 명성 있는 친구들을 모아서 같이 어울려 다닌다. 갖고 있는 차의 종류, 옷의 상표, 그리고 시계 브랜드는 "난 너보다 나아!" 아니면 적어도 "난 너무 괜찮은 사람이야"는 메시지를 전달한다고 생각한다.

차를 몰고 여러 곳을 돌아다니는 한 젊은 남자가 생각난다. 어떤 트럭이 접근해 오다가 결국 그의 스포츠카와 접촉사고를 냈다. 사고 차량이 정지했을 때 그 젊은이는 소리를 지르면서 말했다.

"내 BMW에 무슨 짓을 했는지 보시오!"

그러자 트럭 운전수가 걱정스럽게 말했다.

"BMW보다도 당신 팔을 보세요. 지금 엉망입니다."

그러자 그 젊은이가 자신의 팔을 쳐다보더니 다음과 같이 신음했다.

"내 롤렉스(Rolex) 시계도 망가졌네!"

재능이 있는가? 그렇다면 무언가를 이뤄낼 수 있는 능력이 오직 하나님에게서만 올 수 있다는 것을 기억하라.

돈이 있는가? 그렇다면 성경에서 말하는 진리를 기억하라.

"그가 네게 재물 얻을 능력을 주셨음이라"(신 8:18).

당신이 지금 가지고 있는 것들은 자칫 한 번의 잘못된 결정 때문에 하루 아침에 다 날아가 버릴 수 있다는 것을 기억하라. 모든 것은 하나님으로부터 받은 것을 사용하는 것일 뿐이니 남용해서는 안된다.

물질은 소유할 수 없다. 당신의 영구차에 집을 같이 싣고 갈 수는 없다. 재산은 하나님께서 맡긴 융자이며 우리는 청지기로서 그것을 사용해야 한다.

자신이 진정 누구인지를 아는 사람이라면, 자기가 얼마나 돈이 많은지, 친한 친구가 누군지, 가진 게 얼마인지에 대해 말할 필요성을 느끼지 못하게 될 것이다. 그것들이 그에게는 중요한 문제가 아니기 때문이다.

명성이나 영향력을 떨치고 있는가? 그렇다면 그 모든 것이 사람을 높이시고 낮추시는 하나님께로부터 온다는 것을 기억하라(시 75:6~7 참조).

하나님은 교만을 비난받을 만한 죄라고 공표하셨다.

잠언 6장 16~18절은 하나님이 싫어하는 몇 가지 것들을 나열하고 있는데, 그 중 하나가 거만한 눈이다.

잠언 16장 18절의 지혜의 말씀을 보라.

"교만은 패망의 선봉이요 거만한 마음은 넘어짐의 앞잡이니라."

3) 다른 이의 단점은 빨리 인지하고, 자신의 단점을 보는 데는 느긋하다.

솔직히 다른 사람에게서 무엇이 잘못 되었는지를 알아내는 것은 특별한 재능이 필요 없을 정도로 쉬운 일이다. 그러나 자신을 바라보고 자신의 약점을 알아내는 일은 완전히 다른 문제이다.

4) 자신과 연관된 다른 사람들을 통해 알려지기 원한다.

특정 클럽이나 교회, 괜찮은 친구들, 혹은 그 외의 어딘가에 속해 있다는 건 굉장히 중요한 것이다. 이러한 사람들은 보통 대화 중에 불필요하게 이름을 흘리곤 한다. 예를 들어 이렇게 말한다.

"어제 나 빌 예이츠(Bill Yates)와 같이 있었어. 마이크로하드(Microhard) 사장 말이야. 새로운 소프트웨어로 회사가 돈을 많이 벌었다고 나한테 말하더군."

이런 사람들은 휴가를 다녀오면서 얼마를 썼는지, 옷이랑 컴퓨터를 사는 데 지불한 돈이 얼마인지 다른 사람들에게 꼭 알려주어야 직성이 풀리는 경향이 있다.

그런 반면 검소한 사람들은 새로 나온 옷을 싼 가게에서 특가에 구입한 것을 자랑스러워할 수 있다.

사람들이 어떻게 행동하는지를 보면 어떠한 사람이라는 것을 곧 알 수 있다. 많은 돈을 지불한 것을 자랑스러워하든지 흥정을 잘 해서 저렴하게 살 수 있었다는 것을 자랑스러워하든지 둘 중에 하나이다.

3. 성경적 관점에서 받아들이기

이미 말했듯이 기독교 신앙에서 자기를 받아들인다는 개념은 그리스도가 행하신 일로 인하여 하나님이 우리를 기꺼이 받아주셨다는 사실에 근거해야 한다.

그러므로 열등하다는 감정과 부정한 행위로 인한 죄책감과 양심과의 싸움을 계속해서 할 필요가 없는 것이다.

또한 나 자신과 다른 사람에게 내가 얼마나 괜찮은 사람인지를 끊임없이 증명할 필요도 없다. 물질적 소유와 물리적인 속성들에 근거하여 다른 사람들이 내가 소유한 것으로 인해 나를 받아줄 것이라고 생각할 필요도 없다.

하나님께서 우리 각자에게 개인적인 관심을 가지고 있다는 것은 실로 엄청난 진리이다. 우리는 우리의 이해력으로 다 알 수 없는 엄청나게 큰 세상에 살고 있다. 그러나 이 큰 세상에 사는 우리 각 사람에게 하나님께서 개별적으로 관심을 기울여 주신다는 것은 놀라운 일이다.

또한 하나님께서는 거기에서 멈추지 않고 그리스도를 아는 우리 각자에게 우리와 다른 사람의 삶을 동시에 풍성하게 만들 수 있는 특별한 영적 재능들을 부여해 주셨다.

바울은 고린도 사람들에게 성령의 능력이 주어진 것은 믿는 자들을 유익하도록 하기 위해서라고 기록하였다(고전 12:7 참조). 그것이 어떠한 능력일지라도 말이다. 그 다음에 바울은 그 재능들을 나열하고 있는데, 그것은 하나님께서 그분의 일에 합당하도록 우리를 준비시키는 특별한 재능이라고 말한다.

당신의 영향력이 미칠 수 있는 범위를 과소평가하지 마라. 하나님께서는 당신이 가지고 있는 재능을 주신 분이고, 그것을 주신 이유와 당신에 대한 목적을 갖고 계신다.

당신의 삶은 친구들에게 영향을 준다. 그것이 선하든 그렇지 않든 간에 말이다. 당신의 영향력이 극히 제한되었다고 생각되더라도 당신이 끼칠 수 있는 영향력과 동일한 영향력을 가진 사람은 단 한 사람도 없다.

혼자 사는 부인이 어느 날 나에게 말했다.

"나는 절대 바깥 출입을 안 해요. 그래서 어떤 사람에게도 영향을 줄 수가 없습니다."

그러자 한 친구가 그녀에게 그녀의 집 앞까지 오는 사람들의 명단을 한번 생각해보라고 했다. 우선, 우편 배달부가 우편물을 가지고 왔고, 한 소년이 신문을 갖다주러 왔다. 그리고 오후 늦게 어떤 이웃 사람이 지역운동에 대해 얘기하러 왔다. 점차적으로 명단은 불어나기 시작했다.

집안에만 틀어박혀 있던 이 부인은 다른 이들로부터 무시받기 쉬운 위치에 있는 사람들에게 자신이 충분히 영향력을 줄 수 있는 사람임을 알았다.

기독교인에게 있어 자아수용이란 무엇을 의미하는가?

그것은 하나님께서 내 삶에 역사하신다는 것을 의미한다.

"제발 나를 좀 참아보자. 하나님께서도 아직 나를 포기하지 않는데!'라는 문구는 몇 년 간 꽤 유행했다. 우리는 마음속에 이 문구가 내포하는 진실을 담아야 한다.

다음 두 단어는 우리가 사고하는 데 있어 엄청난 차이를 가져다준다. 그것은 이유를 설명할 때 쓰이는 "~때문에"(because)라는 단어와 "~되어가는"(becoming)이라는 말이다. 때로 우리는 '때문'이라는 단어를 사용하면서 하나님을 비난한다.

"난 ~때문에(because) 이 모양이야"라는 말이나 생각 속에는 적대감이 반영되어 있다. 하나님이 우리의 살아가는 환경 속에 임재하셔서 우리의 인격을 빚고 형성하고 계신다는 것을 안다면, 우리는 어떤 상황에서도 하나님이 원하시는 모습으로 되어가고(becoming) 성장해 가는 과정 속에 있다고 생각할 것이다. 그래서 희망과 미래가 있는 것이다.

'성화'라고 하는 것은 우리 삶 속에 임재하시는 성령의 사역 가운데 일부이다. 하나님께서는 우리 삶과 인격의 모난 부분을 제거해 주시고, 그분의 뜻과 목적에 맞게 우리를 이끌어 주신다.

당신이 가치 있고 소중하다고 자신을 받아들일 때는 불리한 삶의 환경들도 쉽게 받아들이고 극복할 수가 있다.

하나님께서는 당신을 내버리지 않으셨고 벌주시는 분이 아니라는 걸 기억하고 있기 때문이다. 무슨 일이 있더라도 우리의 삶을 붙드시고 인도하신다는 사실을 믿기 때문이다. 그래서 방향감 없이 인생의 바다 위에 표류하지 않을 수 있는 확신을 얻게 되는 것이다.

성경적 관점에서 본 자아수용은 인생의 폭풍 가운데 이길 힘이 생기게 한다. 삶의 어려움들을 하나님의 벌이라고 생각하지 않는다.

우리의 죄가 이미 해결되었고, 우리가 하나님의 자녀가 되었다는 것을 알고 있기 때문이다. 하나님께서는 자녀들을 사랑으로 교훈(히 12:3~15 참조)하시지만, 우리가 성경적 관점을 유지한다면 하나님께서 "모든 일을 그 마음의 원대로 역사하신다"(엡 1:11)는 말씀을 기억할 것이다.

기독교 신앙의 맥락에서 자아수용은 삶 속에 그리스도의 내주하심으로 인해 내적 광채를 발하게 한다. 마음의 고요함과 평화, 그리고 안정감은 성령님과의 지속적인 교제와 하나님께서 삶의 환경들을 완전히 통제하고 계신다는 사실을 알 때 생기는 결과이다.

이제 단순히 외적인 것에만 신경을 쓰는 것이 아니라, 성령님의 임재하심으로 말미암은 아름다움에 더욱 초점을 맞추어야 한다(벧전 3:3~6 참조).

신앙의 관점에서 자아수용이 하는 세 번째 일은 새로운 가치체계를 창출해내는 것이다. 이는 인격과 고결함, 영적인 가치를 더 중시

한다는 것을 의미한다. 어떤 사람들은 좀 작지만 쓸만한 차인데도 불구하고 많은 돈을 들여 비싼 자동차로 바꾼다. 그리고 이렇게 말한다.

"난 하나님의 일을 하기 위한 여유가 없다."

당신이 이런 선택을 하는 것은 이렇게 말하는 것과 다름없다.

"내 가치 체계는 하나님의 일보다 큰 차를 더 중요시한다."

당신이 "나는 가족과 보낼 시간이 없어요"라고 한다면, 그 뜻은 "사업으로 돈을 버는 게 내 아내와 아이들보다 더 중요하다"라는 의미이다.

"교회 갈 시간이 없어"라는 말은 "난 하루 여가를 보내는 게 하나님을 경배하는 것보다 더 중요한 거라 생각해"라는 말과 같은 것이다.

하나님의 관점으로 새롭게 된 가치 체계는 안정감과 자기수용의 반영이다. 기독교에서 삶은 인간과 하나님과의 협력으로 이루어 나가는 것이다.

"우리는 그의 만드신 바라 그리스도 예수 안에서 선한 일을 위하여 지으심을 받은 자니"(엡 2:10).

자신을 받아들이는 것과 기쁘고 빛나는 삶은 함께 손잡고 가는 것이다. 서로 보충하는 관계라 할 수 있다.

당신은 누구인가?

하나님께서 이미 우리를 받아주셨다는 것을 이해하고 자신을 받아들이는 것도 가능해진 우리는 용기 있게 다음과 같이 말할 수 있다.

"나는 엄청난 가치를 가진 소중한 사람이야."

"나는 예수께서 사랑하는 사람이야. 그래서 난 자신을 사랑할 수 있어."

"나는 하나님께서 원하시는 모습으로 되고 있어."

"나는 나이고 세상의 다른 누구도 되고 싶지 않아!"

자아 이미지가 사라지는 것 같고, 당신이 누구인지 잊어버리기 시작할 때, 머리를 들고 위를 바라보라. 당신은 왕의 자녀이다. 그것을 자랑스러워하라.

그것은 우리가 내적 투쟁들을 이겨내고 하나님께서 원하시는 모습이 되는 방법 중에 하나이다.

토론 문제

한 청년이 문제가 있는 가정에서 자랐다. 아버지는 청년이 두 살 때 집을 나갔다. 그는 다섯 번째 아이였기 때문에 위의 형들에게서 옷을 물려받아 입었고, 부모의 관심을 얻기 위해 싸워야 했다. 그는 두 군데의 식당에서 일해 번 돈으로 대학에 들어갔다. 지금은 어른이 되었지만 그는 끊임없이 다른 사람을 업신여기며, 영향력있는 사람들과의 친분을 자랑하고, 직장에서 어떤 권고도 들으려 하지 않는다.

1. 청년의 삶의 태도는 매우 자신 있어 보인다. 그러나 그의 행동을 불안한 감정을 은폐하는 것으로 볼 수 있는가?

2. 지금은 그렇지 않지만 살면서 당신을 과소평가했거나 과잉보상하려 했던 부분이 있었다면 무엇이었는가?
   어떻게 변화가 일어나게 되었는가?

3. 외모와 성과, 그리고 영향력은 흔히 사람들이 다른 사람에게 잘 보이기 위해 사용하는 세가지 요소이다.
   이것들로 인해 당신도 유혹을 받아 본 적이 있는가?
   그것은 내면의 불안정한 모습과 어떻게 연관지을 수 있는가?
   과잉보상하는 모습을 끊어버리기 위해 당신은 어떤 조치를 취할 수 있을까?

4. 자신의 성격 가운데 좋아하지 않는 성격이 있으면 말해 보라. 그 성격이 당신의 삶에 부정적인 영향을 줄 수 있다면 무엇인가?

반면에 그 성격이 긍정적인 영향을 줄 수 있다면 무엇인가?

나쁜 기분 유지하기

1. 자신에게든 다른 사람에게든 뭔가 증명해야겠다는 생각으로 습관적인 과정을 좇아 반응하라.

2. 다른 사람을 경시하고 당신이 얼마나 유능한지를 보이기 위해 노력하라.

좋은 기분으로 살아가기

1. 자신의 모습 속에서 불안정한 것이 있다면 제대로 볼 수 있도록 신뢰할 만한 친구에게 도와달라고 부탁해 보라.

2. 안정된 사람을 곁에서 지켜보고 그들에게서 볼 수 있는 자질을 당신의 삶 속에서 실현해 보라.

자신에게 이렇게 질문해 본 적이 있는가?
"하나님은 내 삶을 어떻게 보고 계실까?
도대체 나는 중요한 존재일까?"
혹은 "나에게 일어나는 일이 정말로 중요한 사건일까?"

3.
감　　　정　　　　　을
긍정적으로　사용하라

"**왜** 그랬어?"

아마 우리들 대부분은 누군가에게 이런 질문을 해본 경험이 있을 것이다. 특히 부모가 자녀들에게 많이 하는 질문이다. 그리고 이에 대한 가장 흔한 대답은 아마 "난 그냥 그렇게 하고 싶었어"일 것이다.

감정으로 자연스럽게 흘러나오는 느낌은 강력한 힘이다. 그런데 살면서 이 강력한 힘에 무기력하게도 이끌려 변덕과 환상의 지배를 받고 있지는 않는가? 감정이 의지에 의해 지배를 받는가? 아니면 우리의 의지가 감정의 지배를 받는가?

강력한 힘을 가진 이 감정이라는 것과 그것으로 인해 초래하는 내적 갈등들에 대해 살펴보자.

드레버(Drever)의 심리학 사전에 "감정은 강한 느낌들을 나타내는 것으로 흥분과 동요의 상태이고, 일정한 행동양식의 자극제로 작용한다"라고 나와 있다.

미리암-웹스터(Miriam-Webster) 사전은 감정을 이렇게 설명하고 있다.

"정상적인 고요한 상태에서 강한 느낌을 낳는 시발점이고, 행동하게 하는 자극이다."

감정과 삶의 관계는 물감과 그림의 관계에 비유될 수 있다. 감정이라는 것은 삶을 밝고 아름답게 할 수도 있고, 어둡고 우울하게 만들수도 있다. 어떤 이는 다음과 같이 핵심을 찌르는 말을 했다.

"사람은 감정이 있는 이성적인 생명체가 아니다. 오히려 이성을 가진 감정적인 생명체이다."

감정을 어떻게 묘사하든 간에 감정이 삶의 주요한 원동력임은 틀림없는 사실이다.

1. 감정은 삶에 색깔을 더해준다.

감정이 들어있지 않는 음악, 미술, 시, 문학이 어떻겠는가?

위대한 학문 분야와 작품들에서 감정을 제하여 버린다면 삶은 메마르고 황폐해질 것이며, 삶의 모습 역시 적막하고 서늘하게 느껴질 것이다.

폴란드의 유명한 피아니스트이자 초대 대통령이었던 이그나스 파데류스키(Ignace Paderewski)는 뛰어난 감수성을 가진 사람이었다. 그는 명지휘자가 지휘하기로 되어 있는 콘서트가 있을 때면, 콘서트가 시작되기 몇 시간 전에 그 장소에 가서, 그 공간이 자신의 일부가 되도록 조용히 앉아 주위의 분위기에 동화되는 시간을 가졌다.

그리고 일단 콘서트가 시작되면, 건물 안에 있는 어떤 것에도 마음을 빼앗기지 않고 음악의 흐름에 깊이 빠져들었다고 한다.

유명한 바이올린 연주자 프리츠 크라이슬러(Fritz Kreisler)는 콘서트에 가는 도중, 한 기차역에서 친구를 만나기로 했다. 기차가 역에 도착하자, 그는 소중한 바이올린을 들고 친구를 찾기 위해 급히 기차에서 내렸다. 기차에 다시 탈 시간이 되었을 때, 크라이슬러는 표를 찾기 시작했다. 그런데 아무리 찾아도 표는 보이지 않았다.

그는 검표원에게 자신이 프리츠 크라이슬러라고 말하며, 기차에 표를 놓고 내렸다고 말했다.

그의 말을 믿지 못하던 검표원은 그의 손에 들려 있는 바이올린을 쳐다보더니, "당신이 정말로 프리츠 크라이슬러라면 바이올린을 연주해서 증명해 보시오. 세상의 어떤 이도 프리츠 크라이슬러처럼 연주하지는 못할 거 아니겠소"라고 말했다. 플랫폼에서 크라이슬러는 바이올린을 꺼내 연주를 했고 결국 그를 기쁘게 했다.

평범한 사람도 차이점을 알아낼 수 있는 뛰어난 연주를 했던 크라이슬러의 연주 비결은 과연 무엇이었을까?

아마 감정에 호소할 만한 뛰어난 감수성 때문이었을 것이다.

2. 감정은 사람들을 움직이게 하는 주요 원동력이다.

2차 세계대전 중 윈스턴 처칠의 연설이 사람들의 감정에 자극을 주지 않았다면, 전세는 어떻게 되었을까? 이 위대한 연설자는 어려웠던 전쟁의 기간 동안 영국 사람들의 마음을 감화시키고 움직였다.

그는 폭탄이 떨어지고 독일의 공격이 임박했을 때, 다음과 같이 말하면서 군인들의 사기를 북돋아 주었다.

"앞으로 천년 후에 전 세계는 지금이 영국 역사에 있어 가장 훌륭한 때였다고 말할 것입니다!"

세기가 바뀔 즈음에 일어난 웨일스의 부흥 운동은 그 작은 나라가 하나님을 향하도록 흔들어 놓았다. 그것은 한 십대 소녀가 주중 기도 모임에 참석하여 했던 말을 통해 시작되었다.

"나는 예수님을 사랑합니다."

그리고 소녀는 그 말을 되풀이하면서 울기 시작했다. 마음속에 일어난 움직임을 주체할 수 없어 그녀는 앉아서 계속 조용히 울었다.
이후로 주위에 있는 사람들 가운데 기도의 움직임이 일어났고, 그녀의 마음 깊은 곳에서 일어난 감정들은 주위로 퍼져나가 영적 부흥이 일어나게 된 것이다.

예수의 생애에 대한 연구는 그분이 뛰어난 감수성을 지니고 있었고 감정들을 느끼셨던 분이라는 사실을 보여준다.
"예수께서 나오사 큰 무리를 보시고 불쌍히 여기사 그 중에 있는 병자를 고쳐주시니라"(마 14:14).

예수님께서는 그의 친구인 나사로의 무덤 앞에서 눈물을 흘리셨다. 그분은 그가 사랑하는 예루살렘을 보고 울면서 말씀하셨다.

"예루살렘아 예루살렘아 선지자들을 죽이고 네게 파송된 자들을 돌로 치는 자여 암탉이 제 새끼를 날개 아래 모음같이 내가 너희의 자녀를 모으려 한 일이 몇 번이냐 그러나 너희가 원하지 아니하였도다"(눅 13:34).

예수께서 웃으셨다는 기록이 성경에 없지만, 그분도 웃으셨으리라 확신한다. 그분의 웃음은 오늘날의 얇고 공허한 말들에 의한 웃음이 아닌, 마음 깊숙한 곳에서 나오는 웃음이었을 것이다.

예수님께서는 감정을 표출하는 것이 약함의 표시가 아니라는 것을 말씀하시면서 사람들의 감정적인 욕구들에 대해서 강조하셨다.
감정은 당신의 마음속에 무엇이 들어 있는지를 명확히 드러낸다.
감정은 인간을 명령이나 자극에 의해 통제되어 명령을 수행하는 로봇과 다르게 만드는 것이다.

3. 긍정적인 감정을 끌어올리라.

긍정적인 감정들은 삶에 생명력을 더해준다. 긍정적이냐 부정적이냐, 즉 삶의 환경을 어떻게 바라보느냐에 따라 삶과 죽음이라는 엄청난 차이를 만들어낼 수도 있다. 이것은 2차 대전 중에 유럽의 수용소에 있었던 전쟁 포로들의 경험을 통해 알 수 있다.

빅터 프랭클(Victor Frankl)은 포로 중의 한 사람이었고, 생존자로 남아 자신의 이야기를 썼다.

그의 책 「의미를 찾는 사람」(Man's Search for Meaning)에서 프랭클은 결정적인 위기에 있을 때 희망을 포기한 사람들은 쓰러져서 죽었고, 강한 종교적 신념에 자기를 맡긴 사람들은 어쨌든 살아남았다는 이야기를 들려준다.

"미래에 대한 신념을 잃어버린 포로는 죽어갔다. 미래에 대한 믿음을 잃어버림과 동시에 자신의 영적인 지배력도 잃어버렸기 때문이다. 그들은 자신의 가치를 떨어뜨리고 정신적 육체적으로 부패되어 갔다. 쉽게 모든 것을 포기한 사람들이다. 그리고는 죽음도 개의치 않는 상태로 빠져버렸다."

위기에 처했을 때, 감정은 아드레날린 시스템을 자극할 것이고, 그로 인해 많은 양의 강력한 아드레날린이라는 물질이 혈관 속으로 방출된다. 이 물질은 때로 초자연적인 능력이 생기게도 한다. 그래서 믿어지지 않는 일들이 실제로 일어나는 상황들을 우리는 기사를 통해서 접하게 된다.

가령 자동차가 전복되어 어떤 사람이 그 밑에 갇히게 되었는데, 아래 갇힌 사람을 구하기 위해 한 손으로 차를 들어올린 사람의 얘기가 그 예이다.

내 아들이 두 살쯤 되었을 때, 우리는 숲에서 꽤 가까운 교외에 살았다. 들개들이 아이들을 공격한다는 소문을 들은 나와 아내는 아이들을 보호하기 위해 주의를 기울였다. 하지만 어떤 부모도 두 살짜리 아이가 온종일 집안에만 있게 할 수는 없을 것이다.

그때 나는 공부를 하고 있었는데 갑자기 밖에서 개 짖는 소리가 크게 들리더니 아이의 비명소리가 들렸다. 하나뿐인 아들, 스티븐이었다.

내 뇌리 속에서 그 소리가 전달된 순간 바로 나는 문쪽으로 달려갔다. 오로지 나의 생각은 스티븐을 구해야 한다는 것뿐이었다.

나는 칸막이 문에 단단히 빗장이 걸려 있다는 사실도 인식하지 못한 채 있는 힘껏 문을 향해 돌진했다. 내 몸에 부딪힌 문은 마치 빗장이 걸리지 않았던 것처럼 쉽게 열려버렸다.

길 잃은 독일산 쉐퍼드가 나를 보자마자 돌아서서 달아났다. 만약 개가 도망가지 않았다면 난 그 상황에서 분명히 맨손으로 그 개를 죽였을 것이다.

당시 나는 빗장이 걸린 문을 단숨에 부수고 난 후였는데도 아무렇지 않았다. 그런데 며칠이 지나자 내 몸의 왼쪽 부분들은 충격으로 인해 시커멓게 멍들어 있는 것을 발견했다. 어떻게 내가 그렇게 할 수 있었느냐는 것은 바로 '감정'이라고 하는 것에 의해 촉발된 아드레날린의 힘이었다.

부정적인 감정은 문자 그대로 당신을 육체적으로 파괴할 수도 있다. 감정은 다양한 신체조직에 영향을 주기 때문이다. 적혈구의 수, 피로감, 심장박동수, 호흡, 그리고 체온까지도 말이다. 쓰린 감정, 미움, 질투, 분노와 같은 부정적인 감정들은 신체에 해로운 반응을 촉발한다.

마요 클리닉(Mayo Clinic)의 잘 알려진 내과 의사는 환자들에게 이렇게 말했다.

"악의를 품고 미움을 계속 간직하면 안 됩니다."

그는 한 남자가 어떻게 자신을 최악의 상황으로 몰고 갔는지에 대한 사례를 보여주었다. 집안의 재산분배를 놓고 형제와의 불화 때문에 시작된 일이었다. 그 남자는 적개심으로 마음이 상했고, 호흡 상태도 고르지 않았으며, 체조직도 적절한 기능을 유지하지 못했다. 그러다가 몇 달 내에 죽음을 맞게 되었다. 어찌 보면 자살 행위와 다를 바 없는 것이었다.

부정적 감정은 심신증(psychosomatic illnesses)을 일으키는 원인이다. 심신증은 당분간 병이 실재하지 않는다는 것이 아니다. 그것은 정말 실재하는 질병이고 신체적인 문제로 나타난다. 궤양, 고혈압, 심장병, 피부병들은 대부분 감정의 문제에서 생기는 병이라고 한다.

심리학자들은 대부분의 병은 심신 상관의 문제라고 믿는다. 몇 명의 학자들은 실제적으로는 그 비율이 매우 높을 것이라고 말한다.

로스엔젤레스의 UCLA대학에서 모범교수로 뽑힌 코프는 내분비학자이다. 그는 그리스도를 헌신적으로 믿는 사람이고, 교회에서 봉사도 활발히 하고 있다. 내가 그에게 그 비율이 얼마나 높을 것이라고 생각하는지 물었더니 "제가 생각할 때 실제적으로는 그 비율이 80이나 85퍼센트에 근접할 것 같습니다!"라고 말했다.

부정적인 감정들로 인한 대가는 실로 엄청난 것이다.

• 뉴올리언즈에 있는 오쉬너 클리닉(Oschner Clinic)에서는 5,000명의 위장장애 환자 중에 74퍼센트 정도가 감정에 의해 발병된 환자라고 결론내렸다.

• 뉴욕대학의 외래환자실에서는 환자의 76퍼센트가 정신적인 스트레스 때문에 방문했다고 말했다.

• 콜로라도 의대의 연구실에서는 환자 대부분이 내면에 깊이 자리 잡은 쓰린 감정과 다른 사람에 대한 원한, 무언가를 향한 적개심을 가지고 있다고 지적했다.

• 존 쉰들러(M. D. John Schindler)에 의해 행해진 연구는 감정이 골격과 근육의 내부조직을 단단하게 하고, 신경성 류마티즘으로 발전하게 할 수 있다고 말했다. 쉰들러의 연구는 대부분의 의학도서관에서 볼 수 있다.

성경은 부정적인 감정이 즉시 해결되어야 한다고 말한다. 쓰라린 감정은 가슴에서 제거되어야 한다. 사람들 간에 충돌이 존재할 때, 그것은 즉시 해결되어야 한다(마 18:15 참조).

맥밀른(McMillen)은 이런 말을 했다.

"감정은 당신을 나아지게 하기도 하고 아프게도 한다. 죽일 수도 있고 치유해줄 수도 있다. 또한 우리를 기쁘게 하는 원인이 될 수도 있고 다른 이로부터 저주를 받게 만들 수도 있다."

4. 감정은 조절될 수 있다.

감정은 강철 조각같이 단단한 것이 아니다. 감정은 유동적이며 순응적이고 아주 복잡한다. 그것은 신체적으로 느끼는 것과 마음 상태에 따라 자유롭게 변화한다. 성경은 한 사람이 마음속에 생각하는 것을 보면 그 사람을 알 수 있다고 말한다(잠 23:7 참조). 당신의 사고는 긍정적이거나 부정적일 수 있는 감정에 지침이 될 수 있다. 그리고 마음속 분쟁을 해결하는 데 도움을 줄 수도 있고 분쟁을 감소시킬 수도 있다.

감정은 조절될 수 있다.

대부분의 심리학 과정 서두에는 이반 파블로브(Ivan Pavlov)에 의한 실험이 거론된다. 감정반응들이 어떤 지배적인 상황을 따른다는 사실을 입증하면서 말이다.

당신이 퍼레이드가 펼쳐지는 거리의 모퉁이에 서 있다고 가정해보자. 퍼레이드는 다양한 나라의 사람들로 구성된 대형 퍼레이드였다. 당신을 지나쳐서 행진했는데, 그 행렬에 참가한 사람들은 각각 자기 나라의 국기를 손에 들고 있었다. 당신은 아마 답례로 손뼉을 치면서 보고 있을 것이다.

그러다 당신 나라의 국기가 지나간다. 국기를 보니 당신의 마음속에 알 수 없는 감정들이 생겨난다. 말문이 막히고 눈물이 나온다.

왜 그럴까?

그 국기는 다양한 색깔을 칠해놓은 천 조각에 불과하며, 앞에 지나간 다른 나라 국기와 다를 바 없는데 말이다. 차이라고 한다면 당신이 사랑하는 것-집, 나라, 그리고 사람들이 국기가 나타내는 것에 모두 함축되어 있다는 것뿐이다. 그것은 당신이 무엇을 위해 살아야 하는지 보여준다.

미풍에 흔들리는 국기를 보면 마음속에 이런 감정적 반응이 일어나게 되는 것이다.

감정은 한때 강하게 느꼈었지만 시간이 지남에 따라 더 이상 우리 마음 속에 남아 있지 않게 되는 방식으로 조절될 수도 있다.

심리학에서는 그것을 "세뇌법"(brainwashing)이라고 한다. 인간의 심리적 저항은 점점 수그러들어서 결국에는 자신이 거부하던 것들을 생각하고 믿게 된다. 우리의 삶과 결혼에 있어서도 마찬가지이다. 방식은 조금 다르겠지만 사실이다.

사랑과 믿음 같은 강한 감정들은 환경에 의해 크게 타격을 받을 수 있기 때문에 그런 감정들은 점점 가라앉거나 심지어 사라지기도 한다.

감정이란 것은 순응력이 있어서 생산적인 것으로 바뀔 수 있다. 감정이 의지에 지배받는다는 것은 아주 중요한 사실이다. 먼저, 하나님 앞에서 의무를 다하려면 이것이 요구되기도 한다.

사람은 그가 무엇을 느끼든 자신의 행동을 조절할 수 있는 책임감 있는 존재이다(신 24:16; 겔 18:19~23; 롬 3:23 참조).

하나님은 사람을 감정적인 존재로 창조하셨지만 거기에 책임 또한 부여하셨다. 사람이 감정에 이끌려 느끼는 대로 행동하는 어쩔 수 없는 존재라면, 하나님께서 그의 행동에 대해 책임을 물으신다는 것도 불공평한 일이 될 것이다.

감정과 의지 사이에 분쟁이 있을 때, 당신이 의지의 힘을 저버린다면 감정이 이길 것이다. 감정이 행동을 조절하도록 내버려두기로 결정했다는 것은 자신의 이성을 버리기로 결정한 것과 다를 바가 없다.

"하지만 난 그를 사랑해요. 어쩔 수 없어요!"

"난 그냥 기도하고 싶지 않아요. 하기 싫은 일을 하면서 위선자가 되기는 싫어요!"

"확실히 잘못됐다고 할 수 없어요. 왜냐하면 하나님은 나에게 그런 감정들을 주셨고, 난 자연스럽게 행동한 것뿐이에요."

이같은 말은 일반적으로 사람들이 감정에 따라 행동하면 책임이 없다고 생각한다는 것을 보여준다.

당신은 어떤가? 당신도 일시적인 기분과 환상, 또는 감정에 의해 지배를 받는가?

중요한 것은 당신의 생각이 감정을 지배하든지, 아니면 감정이 생각을 지배한다는 것이다.

성경은 생각과 감정의 연관성에 대해 많은 이야기를 하고 있다.

"너의 행사를 여호와께 맡기라 그리하면 네가 경영하는 것이 이루어지리라"(잠 16:3).

"모든 이론을 무너뜨리며 하나님 아는 것을 대적하여 높아진 것을 다 무너뜨리고 모든 생각을 사로잡아 그리스도에게 복종하게 하니"(고후 10:4,5).

부정적인 생각도 방향을 돌릴 수 있다. 성경은 우리가 긍정적인 생각에 집중해서 온전한 감정적 반응을 하도록 지시한다.

"끝으로 형제들아 무엇에든지 참되며 무엇에든지 경건하며 무엇에든지 옳으며 무엇에든지 정결하며 무엇에든지 사랑받을 만하며 … 이것들을 생각하라"(빌 4:8).

우리는 완전히 환경을 제어하지는 못한다. 우리를 건드려 잘못된 길로 가게 하는 사람들이 늘 있기 때문이다. 날씨가 기분에 맞지 않거나 이웃이 썩 맘에 들지 않을 수도 있다. 하지만 환경에 대한 우리의 감정도 선택사항이라는 것은 희망적인 말이다.

빅터 프랭클(Viktor Frankl)은 2차 대전 때 포로수용소에 수감되었던 사람들이 주변 환경에 어떻게 반응하고 행동하느냐에 따라 그들의 운명이 결정되었다고 믿었다. 결국 포로들의 운명은 그들 스스로 내린 결정의 결과였다. 수용소라는 특수한 상황에 대한 결과만은 아니다.

그의 주장은 근본적으로 어떤 상황에 처해 있든 자신이 어떤 모습이 될지를 스스로 결정할 수 있다는 것이다.

어느 누구도 당신에게 환경과 어린 시절의 역경들에 의해 영향을 받아야 한다고 강요하지 않는다.

선택권은 오로지 당신에게 있다. 당신은 악을 악으로 대할지 악을 선으로 대할지, 아니면 어떻게 행동할 것인지를 결정할 수 있다.

그 사람이 아무리 사랑스럽지 않아도 사랑하기로 결심하면 누구도 당신의 결정을 막지 못할 것이다. 또한 스스로 허용하지 않는 이상 다른 사람을 미워하기로 결정하는 것도 간섭하지 않을 것이다.

선택은 당신의 것이다.

저녁 퇴근길에 늘 신문판매소에 들러 신문을 사는 한 사업가가 있었다. 그는 신문을 가져가면서 신문 파는 소년에게 늘 이렇게 말했다.

"여보게, 고맙네. 정말 고마워!"

어느 날 소년이 물었다.

"아저씬 왜 매일 고맙다고 하세요? 다른 사람들은 그런 말을 전혀 하지 않는데 말이에요."

사업가는 말했다.

"나도 한때 신문을 팔았었거든. 신문 파는 일이 아무 것도 아닌 일로 여겨진다는 걸 아네. 그래서 나는 어느 누구에게도 그와 같이 대하지 않기로 결심했다네!"

5. 감정을 도구로 사용하라

감정은 지각이 수긍하는 대로 따르기 때문에 특별한 지각으로 지도할 수 있다. 그 지각은 사람들마다 다르다. 감정이 다뤄지는 방법은 크게 세 가지가 있다.

1) 감정은 억제될 수 있다.

감정을 속에서만 끓게 하고 계속 억제한다면, 감정적으로, 신체적으로, 그리고 영적으로도 해롭다. 어떤 면에서 깊은 감정을 표현하는 것은 이완 작용을 한다. 그러므로 스트레스와 중압감이 폭발할 지경에까지 쌓이지 않도록 해야 한다.

특히 부정적인 감정을 오래 누르고 있으면 있을수록 결국 표면으로 터져 나올 때는 더 크게 폭발하게 된다. 그러나 감정을 잘 표출하지 못하면서 자란 사람들, 특히 남자는 터프해야 하고 울지도 말아야 한다고 들어온 남자들은 감정을 표현하는 데 어려움을 느낀다.

정상적 표현이 오랫동안 부인되어 왔다면 그 결과는 더 파괴적일 수 있다.

한 아버지가 20대 초반의 아들을 잃었다. 아들이 죽었다는 소식이 전해졌을 때 아이의 어머니는 눈물을 터뜨렸다. 그러나 그 아버지는 창백해지면서 이를 악물고 나오는 눈물을 거부했다.

"존은 정말 남자답게 잘 견뎌. 절대 눈물 한 방울 흘리지 않는다니까!"라고 친구가 말했다. 장례식 전까지는 그들의 말이 옳았다. 목사님의 말씀이 끝나고 오르간이 연주되는 가운데 사람들은 관 주위에 둘러섰다. 그때 아이의 아버지가 조용히 말했다.

"하나님, 내 생에 마지막 할 일이 남았다면 당신에게 복수할 것입니다. 하나님, 나는 당신에게 복수할 것입니다."

그리고 그는 갑자기 울음을 터뜨렸다. 눈물을 쏟아냈다.

토저(A. W. Tozer)는 "인간의 감정이란 완전하게 억제될 수 없다는 것을 명심하라. 그것이 정상적인 과정으로 표현되지 않을 때는 삶이라고 하는 강의 수로를 끊어버리고, 저주하는 말과 함께 흘러갈 수 있으며 많은 것들을 무너뜨리고 파괴할 것이다"라고 말했다.

감정의 표출은 슬픔의 과정에 있든 흥분 속에 있든 나약함을 의미하는 것이 아니다. 그리고 감정을 억제하는 것은 심리적 불안정을 낳게 되며 심지어 정신병이 생기는 요인이 될 수도 있다.

2) 감정은 무시될 수 있다.

이것은 억제와는 다른 것으로, 감정을 부인하는 사람은 감정이 존재한다는 것을 인정하지 않거나, 어떤 종류든 감정적인 반응을 보여야 하는 일들과 마주하지 않는다. 하지만 닳아 떨어지는 운동화를 무시할 수 없듯이 무기한으로 감정을 무시할 수는 없다. 결국 흐트러진 흔적을 보게 될 것이다.

어떤 신사는 나이 80세에 깨끗한 건강 진단서를 받았고, 의사는 그에게 건강의 완벽한 표본이라고 말했다.

"선생님의 건강비결은 뭡니까?"라고 묻자 그 할아버지는 "바로 이거요, 사라와 내가 55년 전에 결혼했을 때, 우리는 서로에게 화내는 걸 용납하지 않기로 결심했지요. 난 그녀와 논쟁할 일이 생기면 모자를 쓰고 산책을 하겠다고 아내에게 말하고 나갔습니다. 그러니까 나는 수년 동안 왕성한 야외생활을 통해 내 감정들을 풀었습니다!"라고 말했다.

어떤 사람들은 감정적인 문제가 생길 때 부딪쳐 풀기보다는 대신 그것을 회피하려 한다. 그들은 감정적인 상황, 예를 들어 가족 문제나 상사에게 따지는 것, 재산을 분배하는 일 등의 문제들에 부딪쳤을 때 오랜 기간 동안 그 상황을 견딘다. 깊이 뿌리 박힌 감정을 가지고서 말이다.

그리고는 문제를 무시한다. 자신들의 감정을 억제하기도 하고 부인하기도 하는 것이다.

그러나 감정의 느낌을 무시하는 것은 결혼이나 어떤 관계의 안정성에도 도움을 주지 못한다. 억제되거나 무시된 감정들은 쉽게 떠나가지 않는다. 강한 쓰라림의 감정을 낳고, 그러한 감정은 그 사람을 초조하게 하며 부정적인 영향을 주며 자존감도 떨어뜨린다.

3) 감정은 긍정적인 방법으로 표출될 수 있다.

단지 감정을 밖으로 내보내는 것만으로는 충분하지 않다.

'피너츠' 라는 연재만화에 나오는 찰리 브라운의 친구인 루시는 그녀의 남동생 리누스에게 화가 났다. 그녀는 동생을 한 대 치기 위해 주먹을 쥐었다. 리누스가 코너로 몰리면서 소리쳤다.

"그만하라구, 루시! 한번 얘기해보자! 많은 나라들이 서로 싸우고 있어! 사람들도 끊임없이 다투고 있고. 그러니까 우린 싸우지 말자!"

루시는 잠깐 멈췄다. 루시는 리누스의 논리에 확실히 감동을 받았지만, 다음 그림에서 "퍽!" 하고 리누스를 향해 한 방 날리며 말했다.

"말 잘했다. 모두를 대신해서 네가 맞아라!"

보복적인 말을 퍼붓고 마음껏 행동하면서 감정을 표출하면 기분이 나아질 수도 있다. 하지만 기관총의 방아쇠를 당기는 것처럼 일단 그렇게 했다면, 이미 돌이킬 수 없는 피해가 생긴 것이다. 그렇다면 어떻게 건설적인 방법으로 감정들을 밖으로 끌어낼 수 있을까?

성경이 그 방법을 가르쳐준다.

먼저 끓어오른 감정을 가까운 누군가에게 이야기함으로써 완화시키기를 권유한다. 대부분 나는 누군가와 상담을 할 때, 상담시간 내내 그저 듣기만 한다. 하지만 그 대화 가운데 내가 유일하게 상대에게 도움이 되는 말을 할 때가 있다.

"네! 이해합니다", "그렇군요!", 아니면 그와 비슷하게 마음에서 우러나오는 간단한 말들이다. 그러나 끝날 시간쯤에 그 사람은 종종 이런 말을 한다.

"선생님은 아주 많은 도움을 주셨습니다!"

사람들은 무언가 가슴에 있는 것을 떨쳐버릴 기회를 가지면 기분이 훨씬 좋아진다. 이것이 건강한 방법으로 감정을 표출할 수 있는 방법이다.

성경의 깊은 심리학적 통찰력은 바로 적절한 방법으로 감정을 표출하는 것의 중요성을 잘 보여준다.

예수님은 우리가 누군가와 충돌이 있을 때, 그 사람에게 가서 일대일로 문제를 해결해야 한다고 말한다(마 18:15 참조).

그렇게 함으로써 당신은 감정을 억제하지도 부인하지도 않게 되는 것이다. 그런 것들이 감정을 표출하는 것이다.

감정을 표출하고 처리할 때 그것에서 영원히 해방될 수가 있다.

우리는 때때로 대면하는 것을 피하려 하지만, 문제를 해결하기 위해 문제에 직면하는 것은 필수적이다.

또 한 가지는 당신이 짊어진 짐과 감정적인 어려움을 기도하며 하나님께 가지고 오는 것이다.

근심거리를 다른 사람과 나누는 것과 하나님과 나누는 것에는 큰 차이가 있다. 감정을 친구와 나누는 것도 물론 당신의 기분을 한결 좋게 하지만, 친구들은 단지 들어줄 수만 있을 뿐이다.

하나님과 문제를 나눈다면 하나님께서는 우리의 마음을 만져주시고 스트레스와 중압감으로부터 완화시켜 주실 것이다. 또한 우리가 기도하는 대상의 마음까지도 만져주신다.

예수님은 태어나서 돌아가실 때까지 삶 가운데 느낄 수 있는 모든 감정의 영역을 경험하셨다. 그분은 우리가 남편이나 아내에게조차 말하기 힘들어하는 감정이 있다는 것을 알고 계신다. 알 뿐 아니라 이해하고 계신다.

기도할 때, 마음을 열어 그 감정들이 흘러나오게 해보라.
화가 나는가? 하나님께서 그걸 모른다고 생각하는가?
그러면 더욱 하나님께 명확하고 힘차게 한번 고백해 보라.

당신의 마음이 누군가를 향한 미움으로 가득 차 있는가?
그러면 기도 중에 그것을 뿜어내 보라.
하나님만이 미움을 사랑으로 변하게 할 수 있다는 것을 알게 될 것이다. 믿음과 은혜로 연단하면서 말이다.

어떤 두려움이 당신의 마음을 움직일 수 없게 하고 피동적으로 만들고 있는가?
하나님께서 당신의 마음에 들려주실 말씀을 기대하라.

"볼지어다 내가 세상 끝날까지 너희와 항상 함께 있으리라"(마 28:20).

믿음의 조상들은 기도 가운데 안식과 평안을 찾았다.

아브라함이, 하나님의 백성을 지도했던 모세가 이스라엘을 위해 탄원했던 것을 생각해 보라. 우리 주님이 겟세마네 동산에서 많은 피를 흘리시며 고통받으신 모습을 그려보라.

아브라함과 모세와 예수님은 그때 어떤 감정을 갖고 계셨을까?

감정은 따뜻하고 아름다울 수 있다. 그러나 너무 많은 사람들의 삶이 나쁜 감정에 지배되어 있기 때문에 어둡다. 그래서 긍정적인 감정으로 삶이라는 배경에 아름다운 색을 칠하지 못하고 삶의 전망을 풍성하게 만들지 못한다.

이러한 경향들이 변할 수 있을까?

부정적인 감정에 압도된 사람들의 삶이 바뀔 수 있을까?

그래서 더 당당하게 자존감을 회복할 수 있을까?

그들의 삶 속에 있는 부정적인 감정을 긍정적인 감정으로 교체시키는 방법을 터득할 수 있을까?

물론 가능하다.

한 청년의 아버지는 늘 그에게 말했다.
"진정한 남자라면 울지 않아. 눈물 그쳐."
결국 그는 그렇게 하는 법을 배웠다. 그는 지금 결혼했고 감정을 보이
는 데 굉장한 어려움을 겪고 있다. 그의 아내는 남편이 자신에게 부드
러운 면을 보여주기를 절실하게 바라고 있다. 그 역시 그렇게 하고 싶
다고 말하지만 쉽지는 않다.

1. 청년이 자신의 감정을 억누르지 않고 표현하는 법을 익히려면 어떤
   것으로 시작할 수 있을까?

2. 당신의 삶을 바라보라. 엄청난 두려움, 미움, 혹은 분노가 있는가?
   당신이 두려움을 해결하는 데 신앙이 어떻게 도움을 줄 수 있는가?
   사랑이 미움을 해결하는 데 어떤 도움을 줄 수 있는가?
   평안이 분노를 다루는 데 어떻게 도움을 줄 수 있을까?

3. 당신은 어떤가?
   감정을 억누르거나 부인하는 편인가? 아니면 생산적인 방법으로 표
   출하는가?
   당신이 취할 수 있는 건강한 방법이나 방향은 무엇인가?

나쁜 기분 유지하기

1. 자신이나 다른 사람들에게 감정에 대한 변명을 계속하라.
2. 감정의 변덕스러운 물결에 따라 정신없이 흔들리거나 감정을 숨기면
   서 메마른 항구에 머무르라. 〈어느 방향으로든 균형이 깨어지면 마음
   은 상하게 된다.〉

좋은 기분으로 살아가기

1. 당신에게 누군가 감정을 표현한다면 안정감을 주기 위해서 신뢰를 보
   여주라.

2. 어떤 사람이 자신의 감정을 간직하고만 있다가 당신과 나눌 때 "그
   런 일이 생길 때 나는 이렇게 느껴"라고 말하라. 〈"나는 이렇게 느껴"
   라고 말하는 것의 유익은 다른 사람이 한 일에 초점을 맞추기 보다는
   자신이 느끼는 것을 깨닫게 해 준다.〉

4.

마 음 에
상처를 주는 기억들

인간의 두뇌는 엄청난 것이다. 두뇌는 뉴런이라는 100억 개의 신경조직으로 구성되어 있다. 그것은 거의 90퍼센트가 젤리 모양의 물질인 뉴로글리아라는 덩어리에 둘러싸여 있다. 보통 성인의 두뇌 무게는 1.4킬로그램정도이고, 세 개의 뇌반구로 나뉘어 있다. 그 중 하나가 측두골엽인데, 이 부분이 우리의 감정과 기억을 담당하고 있다.

인간의 두뇌에 대해서는 과학이 가져다주는 지식으로도 아직 알지 못한 부분이 많다. 과학이 설명하는 한 가지 사실은 인간의 두뇌가 매일 만 가지 이상의 생각을 하는데 뇌의 3퍼센트 정도만 사용한다는 것이다.

과학자들은 인간의 두뇌가 현재 발명된 어느 컴퓨터보다 월등하다고 말하고 있지만, 컴퓨터와 비교를 한다는 것조차 말이 안 되는 것이다. 그 어떤 정교한 컴퓨터도 방대한 감정과 이해력을 가진 인간의 두뇌와는 경쟁이 되지 않는다.

때때로 나는 컴퓨터의 기능 가운데 인간의 두뇌도 이런 기능을 가졌으면 하는 것이 있다. 바로 기억된 데이터를 삭제하는 기능이다.

명령어 하나로 원치 않는 기억들을 깨끗이 없애버릴 수 있다면 얼마나 좋을까?

정신과 치료에서 사용되었던 충격요법은 전기를 통해 슬픔과 아픔을 주는 특정 기억이나 사건을 뇌에서 지우려는 시도였다. 그러나 하나님은 그것보다 더 좋은 방법을 가지고 계신다. 그것은 바로 감정들을 치유하는 방법이다.

1. 삶에 상처를 내는 기억들

70세의 한 여인이 다음과 같은 편지를 보냈다.

"당신이 기억에 대해 이야기한 내용에 관심을 가지고 있습니다. 기억이 우리 기독교인의 삶 속에 기쁨을 망칠 수 있다는 이야기 말입니다. 나는 지금 70세인데, 참 파란만장한 삶을 살아왔습니다. 내 기억 가운데는 축복이었던 것도 있고, 내 속을 태우는 기억들도 있습니다. 그 중 어떤 것은 깊은 상처를 주었지요. 그런데 속태우는 기억들을 없애버릴 수 있다는 당신의 말이 저에게 희망을 주었습니다."

그녀가 "속태우는 기억들"(Memories that burns)이라고 묘사했던 것처럼, 어떤 기억은 우리를 자주 괴롭힌다. 우리의 맘속에 있는 평안을 앗아가기도 하고, 평생 동안 분쟁을 일으키기도 한다.

친구인 어느 목사님의 아내는 위험한 수술을 하든지 아니면 휠체어에서 남은 생을 보내든지 선택해야 하는 상황에 처하게 되었다. 그 두 사람은 상의하고 기도한 후 나에게 상담을 요청했다. 그리고 수술이 잘 될 것을 기대했지만 행여 그녀가 다시 걸을 수 없다면 어떻게 살아야 할지 고심하는 모습이 보였다.

하나님께서 그녀를 끝까지 도와주실 거라는 확신을 가지고 그들은 수술을 선택했다. 그러나 수술은 실패하고 말았다. 그녀는 복잡한 원인으로 수술대 위에서 죽었고, 그 목사님은 이를 개인적인 실패로 받아들였다.

그는 그녀의 죽음이 자신에게 책임이 있다고 믿었다. 왜냐하면 수술을 하자고 그가 먼저 제안했기 때문이다.

그녀의 죽음에 대한 기억은 수시로 그의 마음을 괴롭혔을 뿐 아니라, 그의 삶에 깊이 상처를 주어 성직자로서 사역을 더 이상 지속할 수 없게 했다. 패배감과 충격으로 그는 교회에서 사임했고, 사역도 그만두었으며, 여기저기 돌아다니면서 다른 일을 시작했다.

또 어느 네 살 짜리 아이의 부모도 아이가 죽은 것에 대한 과도한 책임감에서 벗어나지 못하고 있었다. 가족이 캘리포니아 북쪽에서 휴가를 보내고 있을 때, 아이의 아버지는 간선도로의 표지판에 캠프장을 가리키는 표지를 보았다.

그는 아내에게 물었다.

"어떻게 생각해?"

"많이 피곤하네요. 쉬었다 가요"라고 아내가 대답했다.

그는 잠깐 정차하더니 "난 여기서 밤을 보내는 것보다 몇 마일 더 들어갔으면 하는데"라고 하면서 기어를 움직였고 고속도로로 들어갔다.

캠프용 차 뒤편에서는 아이가 잠들어 있었다. 그런데 길을 따라 조금 내려갔을 때 차 뒤축이 망가지면서 갑자기 어딘가에 부딪치는 소리가 났다. 별안간 일어난 사고였고 차는 이쪽저쪽으로 심하게 기울다가 결국 전복되었다. 아이의 엄마와 아빠는 부서진 차에서 겨우 빠져나왔고 갇힌 아이를 빼내려고 필사적으로 노력했다.

마침내 아이를 빼내었지만 아이는 이미 죽어 있었다.

아이의 장례식은 어느 장례식보다도 슬펐다. 테디베어를 품에 안은 채 관 속에 잠들어 있는 금발의 곱슬머리 아이를 보는 건 정말 가슴이 찢어지는 아픔이었다.

아이의 아버지를 괴롭게 한 것은 아들을 잃은 상실의 아픔뿐 아니라 아들의 죽음이 전적으로 자신의 책임이라는 죄책감이었다. '모든 게 내 잘못이야. 내가 아내 말을 듣기만 했어도 이전에 차를 세웠을 것이고, 아이는 살 수 있었을 텐데' 라고 생각했다.

마음의 고통이 얼마나 클까!

확실한 것은 아내를 수술대에서 잃은 목사님도, 그리고 아들을 잃은 아버지도 그 사건이 자신의 책임이었다고 생각할 필요는 없다는 것이다. 그렇지만 사건들은 그들의 기억 속에 깊은 고통을 남겨주었고, 이는 하나님의 은혜로만 치유가 가능한 상처들이 되었다.

다른 사람에 의해 상처 받는 것은 다른 모습으로 나타날 것이다. 상처를 주는 사람이 많이 사랑했던 사람일 수도 있고, 절대 당신에게 상처를 줄 거라고 생각지 못한 사람일 수도 있다.

아마 어릴 때의 당신 아버지일 수도, 커서는 아내나 남편이 될 수도 있다. 아버지와 성내며 싸운 기억일 수도 있고, 연인과의 신뢰감이 깨어진 사건일 수도 있으며, 당신만 아는 잘못일 수도 있다. 그것들은 모두 당신을 아프게 하는 상처들이다.

한 남자가 나에게 글을 보냈다.

"몇 년 전에 내 아내는 다른 남자와 외도를 했지만, 난 그녀를 용서해 주었어요. 그러나 그녀가 집에 들어오는 시간이 한 시간이라도 늦어지면, 나는 그녀가 밖에서 다른 남자를 만나고 있을지도 모른다는 생각을 하게 됩니다. 아내를 믿으려고 노력하지만 잘 안 됩니다. 제발 나를 위해 기도해주세요. 내가 이 문제를 해결할 수 있게 이것에 관한 자료도 좀 보내주시기 바랍니다. 잊어버리려고 노력도 하고 예전의 일은 이미 용서했다고 생각했는데 말입니다."

이 글을 읽고 있는 사람은 몇 년을 거슬러 올라가 자신을 괴롭게 하는 기억을 회상할 것이다. 한 친구가 말했듯이, 그것은 엄청난 내적 분쟁을 일으키는 것이다. 엄청난 충격이 잠시 가라앉게 되면, 우리는 아마 자신이 한 일과 문제를 일으키게 했다고 생각되는 부분에 대해 하나님의 용서를 구하는 기도를 했을 것이다.

대부분 우리는 하나님이 우리를 용서하셨다고 믿지만, 어느 때는 확신이 가지 않을 때도 있다. 또 하나님께서 용서해주셨다는 것을 알더라도, 자신이 스스로를 용서하지 않았을 수도 있다.

어느 때는 자신을 용서한다는 것이 하나님의 용서를 받아들이는 것보다 더 어려울 수도 있다.

무엇이 우리에게 일어났는지, 어떤 기억이 우리를 힘들게 하는지 상관없이 감정적 치유를 경험하고 잃어버린 자존감을 회복하려면 몇 가지 따를 지침들이 있다.

2. 감정적 치유를 경험하기 위한 몇 가지 지침들

지침 1. 용서의 본질을 이해하라.

조화로운 삶을 사는 데 있어 용서라는 것만큼 절실히 요구되는 덕목은 없다. 인간의 단점과 잘못으로 인해 생기는 초조함은 삶에서 대가를 치르게 한다. 예민한 신경으로 인해 조개는 진주를 만들어내지만, 사람의 잦은 흥분은 궤양을 만들어낸다.

당신이 누군가를 사랑하면 할수록 용서를 구할 필요가 없는 삶을 위해 더 노력할 것이다. 그러나 누구도 완벽한 사람은 없기 때문에 관계를 회복할 수 있는 유일한 무기인 용서가 필요한다.

이 치유의 묘약은 인간의 약함에 대해 알게 해준다. 용서하지 못하면 자존감 또한 올바로 세워질 수가 없다. 우리가 다른 사람을 기분 나쁘게 하거나 또 사람들 때문에 기분 나빠하는 일 없이 살 수만 있다면 누구도 이렇게 말할 필요는 없을 것이다.

"미안해, 용서해줘."

그러나 어떤 이도 완벽한 사람은 없다. 자신의 약점을 알고 용서의 효과를 아는 사람들은 다른 사람에게 용서라는 대가 없는 묘약을 기꺼이 내줄 것이다. 또 언젠가는 용서를 구할 일이 생긴다는 것도 이미 알고 있을 것이다.

당신이 다른 사람을 용서할 때, 용서하는 자신이 하나님에게 엄청난 감사의 빚을 졌다는 것을 알게 될 것이다.

즉 하나님의 은혜를 알 수 있을 것이다.

예수님은 상전에게 큰 빚을 진 하인의 이야기를 말씀하셨다. 마음에서 우러나온 관용으로 주인은 그 하인을 용서해 주었다. 그런데 그 하인에게 한 친구가 아주 작은 돈을 빚지고 있었는데, 하인은 자신이 더 큰 빚을 탕감 받은 사실을 잊은 채 돈을 갚을 때까지 그 친구를 감옥에 집어넣도록 요청했다(마 18:21~35 참조).

우리도 그와 같다. 우리는 종종 다른 사람이 우리를 빨리 용서해 주기를 기대하지만, 우리에게 빚진 사람에게 용서의 손길을 뻗는 데는 굉장히 느리다. 예수님은 단호하게 우리가 서로 용서하지 않으면 하늘에 계신 아버지도 우리를 용서하지 않을 것이라고 말씀하셨다(마 6:15 참조).

바울 역시 에베소서와 골로새서에서 우리가 하나님에게 진 엄청난 빚을 강조했다.

그는 하나님께서 그리스도를 대속물로 우리를 용서하신 것처럼 우리도 서로 용서해야 한다고 말했다.

우리가 누군가를 용서해야 한다면 어느 정도까지 용서해 주어야 할까? 한 여인이 생각이 난다. 그 여인의 남편은 거의 매주 토요일 밤마다 술에 취해서 아내와 아이들에게 폭언과 폭행을 일삼았다.

어느 토요일 밤, 그는 아주 험악한 분위기로 집에 와서는 난로에 올려진 물주전자를 발견했다. 끓고 있는 주전자를 집어들더니 비틀거리며 침실로 가서 자고 있는 아내에게 부었다. 그녀는 어깨와 얼굴에 심한 화상을 입은 채 병원으로 이송되었다.

그런데 경찰이 그녀에게 남편을 고소할지 묻자, 그녀는 "아닙니다, 나는 이미 그를 용서했습니다"라고 말했다.

솔직히 나는 이 예화를 넣어야 할지 말아야 할지 꽤 망설였다. 용서라는 것이 계속적인 육체적 학대를 허용하는 인상을 주는 것은 싫기 때문이다. 힘든 용서와 사랑을 실천할 때 우선은 문제에 직면해야 한다.

내가 이 이야기를 한 이유는 어떤 종류의 용서는 오늘날 대부분의 사람들이 생각하는 방식과는 너무나 상반되기 때문이다.

우리가 만일 그 여인이었다면 우리는 다음과 같이 반응했을 것이다.

"그 나쁜 놈은 혼 좀 나야 해!", "이혼해 버릴 거야!", "벌금을 물리고 교도소에 집어넣어!", "게다가 성경에 '눈에는 눈 이에는 이' 라고 쓰여 있잖아?"

다윗의 허영심 많은 아들 압살롬이 왕국을 차지하려 애썼을 때에 다윗에게 용서하는 마음이 있었다. 다윗은 살아남기 위해 도망을 가야 하는 상황이었음에도 그의 아들에게 적개심을 품지 않았다. 압살롬이 결국 요압에 의해 체포되고 죽임을 당했을 때, 다윗은 슬피 울었다.

"내 아들 압살롬아 내 아들 내 아들 압살롬아 내가 너를 대신하여 죽었더면 압살롬 내 아들아 내 아들아!"(삼하 18:33).

베드로도 예수님께 같은 질문을 했다.

"내 형제를 얼마나 용서해야 합니까? 일곱 번입니까?"

베드로에게 있어서 일곱 번은 아주 관대함을 의미하는 것이었다. 랍비들은 세 번이면 충분하다고 가르쳤다. 그리고 그 사람이 같은 잘못을 다시 반복하면 원수로 취급해도 된다고 가르쳤다. 그러나 예수님은 아주 단호하게 말씀하셨다.

"일흔 번씩 일곱 번!"

우리는 이렇게 생각하기 쉽다.

"490개의 쿠폰을 그냥 날려 버린다구?"

그것은 예수님이 말씀하시는 요지가 아니었다. 7번도 아니고 490번도 아니다. 예수님은 용서의 문제에 있어서는 한계선이 없다는 것을 말씀하고 계신 것이다(마 18:21, 22 참조).

　성경의 저자들이 용서의 필요성에 대해 기록할 때, 그들이 사용한 단어에는 더한 의미들이 있다. 그리스어 ‘아피아미’ (aphiami)는 주로 ‘용서하다’ 라는 단어로 번역되지만, ‘던지다’, ‘내버려두다’ 라는 의미도 포함되어 있다. 시간이 지나 그것은 ‘보내다’, ‘포기하다’ 라는 것을 의미하게 되었다.

　이 단어는 지배자가 나라에 낼 세금이 있는 하인들을 용서해 줄 때 법적 용어로 사용되었다. 또 서로 사랑하라는 말씀의 중요성을 강조하기 위해서도 자주 사용되는 단어이다.

　여기에 담긴 초점은 당신이 얼마나 상처를 받았느냐는 것이 아니라 당신에게 잘못한 것에 대한 보상 요구를 포기하라는 것이다.

　성경은 용서에 대해 다음과 같이 설명해 준다.

　시편 103편 12절에는 하나님이 우리를 용서하실 때, 우리 죄는 동이 서에서 먼 것같이 멀리 던져졌다고 말한다.

　왜 그렇게 표현했을까?

　“북이 남에서 먼 것같이”라고 표현하는 것도 똑같지 않을까?

　북이 남에서 먼 것은 우리 죄가 2만 킬로미터 이상 떨어져 있지 않는 것을 말한다. 북에서 남, 혹은 남에서 북은 분명한 지점이 있어서 이동할 수 있지만, 동과 서를 구분하는 분명한 지점은 없다. 동과 서는 한정지을 수 없다.

미가서 7장에서 하나님은 그의 절대적 용서가 어떠한 것인지 보여주시기 위해 가장 깊은 바다 영상을 사용한다.

지구상에 있는 대양의 가장 깊은 곳은 마리아나 해구이다. 그 대양은 깊이가 10,000미터가 넘고, 세상에서 가장 높은 에베레스트산 높이보다도 깊다.

물론 한정된 거리지만, 거기에 둔다면 인간의 힘으로는 절대 죄와 실패한 것들을 찾을 수 없을 것이다. 심해탐사잠수정을 타고 바다 깊이 들어가 탐사한다 해도 그것을 찾기란 불가능한 얘기이다.

지침 2. 자신의 삶을 위해 하나님의 용서를 구했다는 것을 확신하라.

우리는 때때로 실패로 인해 무릎을 꿇게 되고, 우리 자신의 행동으로 인해 우리 마음이 믿을 만하지 못하고 간사하다는 것을 깨닫게 된다.

상당수의 사람들이 내게 글을 보낸다. 결혼실패담과 개인적인 비극으로 인해 영적인 공허감을 느끼게 되었고, 결국 하나님께 돌아와 그리스도인이 된 이야기를 해준다. 이 편지는 그러한 내용을 담고 있는 전형적인 편지이다.

"나는 당신의 도움으로 그리스도를 내 삶에 모시고 나의 개인적인 구주로 받아들이는 법을 배우고 싶습니다. 나는 지난 몇 달 간 나의 죄 때문에 심각한 가정불화를 겪었다고 생각합니다. 나는 주님께 용서를 구했고 내가 용서를 받은 것으로 느꼈습니다. 그러나 내 아내는 나를 용서할 수 없다고 말합니다.

우리는 서로 사랑하지만 그녀는 나와 같이 사는 게 원칙에 맞지 않는 일이라 생각합니다. 난 그녀가 떠나기를 원치 않습니다. 우리는 둘 다 비참합니다. 주님께서 정말 나를 용서하셨을까요? 아니면 이 모든 게 내 죄에 대한 벌일까요? 제발 저를 도와주세요."

개인적인 실패들은 늘 하나님과 우리의 관계를 의심하게 한다. 그리스도를 개인적인 구세주로 받아들이는 것은 매우 중요하다.

마음에 불안을 가지고 있거나 감정이 혼란스럽다면 그리스도를 중심에 모셔들였는지 점검해 보라. 그리고 간단하고 의미 있는 기도를 지금 당장 해보라.

"하늘에 계신 아버지, 내 삶이 뭔가 잘못되었고 그 원인이 내 맘속에 있는 죄라는 것을 압니다.

하나님께서 날 용서하시고 내 삶에 찾아오시기를 원합니다.

그리고 지금 바로 예수님이 내 구주가 되시기를 원합니다.”(요 1:12; 행 16:31; 롬 10:9, 13; 딛 3:5 참조)

당신이 하나님 앞에서 알고 있는 분명한 죄가 있고, 그것이 당신을 괴롭힌다면 요한일서 1장 9절을 기억하라.

“만일 우리가 우리 죄를 자백하면 저는 미쁘시고 의로우사 우리 죄를 사하시며 모든 불의에서 우리를 깨끗케 하실 것이요.”

그리고 하나님께 죄를 고백하라.

하나님께서 우리를 용서하시겠다는 약속을 기억하라.

그러면 하나님께서 약속을 지키시는 분임을 확신할 수 있을 것이다. 하나님은 결코 우리를 해하는 죄를 간직하는 분이 아니다.

간략하게 하나님의 용서에 대해 네 가지를 살펴보기로 하자.

1) 하나님의 용서는 무조건적이다.

하나님 앞에 나아가 도움을 구할 정도로 선한 사람이 되기 위해 자기를 단련할 필요는 없다. 위대한 왕이 하시는 말씀을 듣기 위해 먼저 자신의 행위를 씻어 그만한 사람이 되어야 할 필요도 없다. 그저 그분 앞에 나아가는 것을 망설이지 않으면 된다.

이사야 1장 18절은 말씀한다.

"여호와께서 말씀하시되 오라 우리가 서로 변론하자 너희의 죄가 주홍 같을지라도 눈과 같이 희어질 것이요 진홍같이 붉을지라도 양털같이 희게 되리라."

예수님께서 주신 하얀 초청장을 열어보라.

"내게 오는 자는 내가 결코 내쫓지 아니하리라"(요 6:37).

2) 하나님의 용서는 어느 영역에서도 제한이 없다.

어떤 사람들은 하나님의 용서가 첫 번째 범죄만 덮어준다고 생각하고, 두세 번 반복되면 하나님의 초대가 여전히 유효한 것인지 의문을 갖기 시작한다. 또 어떤 이들은 특정한 행위, 즉 낙태, 간통, 간음, 동성애 같은 것들은 용서받을 수 없다고 믿는다. 그러나 이러한 생각은 진실이 아니다.

바울은 같은 범주 안에 들어갈 많은 행위들을 나열하고 말한다.

"너희 중에 이와 같은 자들이 있더니 주 예수 그리스도의 이름과 우리 하나님의 성령 안에서 씻음과 거룩함과 의롭다 하심을 받았느니라(고전 6:11).

그러므로 하나님께 용서받을 수 있는 죄는 제한이 없다는 것을 알아야 한다.

3) 하나님의 용서는 절대적이다.

인간의 기억과는 다르게 하나님께서는 그 일이 전혀 일어나지 않았던 것처럼 완벽하게 지워버리신다.

"그럼 내가 낙태를 해야 했던 이유에 대해 더 이상 설명해야 할 필요가 없다는 말씀이세요?"

예수님을 받아들이기 위해 기도했던 한 여인이 물었다. 세 번의 조각난 결혼생활에 원하지 않은 임신은 그녀를 심각한 절망에 빠지게 했다. 낙태를 하는 것이 하나의 문제 해결 출구라고 생각하고, 자신의 양심과 싸움을 했다.

이미 두 아이의 엄마였고, 혼자서 아이들을 책임져야 하는 상황이었기 때문에 또 아이를 낳는 것보다 생명을 끊어야 한다는 생각에 낙태를 결심했다. 새로운 아이가 태어나게 된다면 혼자 감내해야 할 일들이 너무 많을 것 같았다.

간호사가 그녀를 병원복도로 데리고 갈 때 반짝이는 눈물이 그녀의 뺨을 타고 흘러내렸다. 그때 그녀는 예수님을 받아들이기 전이었다.

그녀가 예수님을 영접한 후 내게 찾아왔다.

"당신은 내가 한 일을 가지고 하나님과 다시 대면할 이유가 없다고 생각하세요?" 그녀가 내게 물었다.

나는 "없습니다!"라고 말했고, 베드로가 했던 말을 그녀에게 들려주었다.

그리스도는 십자가 위에서 자신의 몸에 우리의 죄를 모두 지셨다(벧전 2:24 참조). 죄값은 이미 다 치러졌다. 하나님께서 우리가 받아야 할 아픔을 그리스도에게 모두 짐지우셨고, 그리스도께 주어질 좋은 것들을 영원토록 우리가 받아 누릴 수 있게 하셨다는 것이다.

이것은 정말 좋은 소식이다!

4) 하나님의 용서는 구원하는 것이다.

"내가 마약을 하기 전에 하나님께 용서를 구했다면, 그분이 날 용서하고 내가 지옥에 가지 않을 수 있나요?"

이미 삶을 포기하고 심각한 정신적 문제를 안게 된 여인이 나에게 물었다. 사람들은 이렇게 많이 질문한다. 우연히 나는 자신의 미래에 대해 잘 이해하고 있는 십대들과 같이 얘기한 적이 있었다. 아이들은 이렇게 말했다.

"난 하나님이 용서해줄 거란 걸 알아. 그러니까 앞만 보고 나가는 거야.”

용서에 대한 한 가지 사실은 예수님께서 “내가 너를 용서하노라!”고 말씀하실 때 덧붙인 말씀이 있었다는 것이다.

“이제 가서 더는 죄를 짓지 말라.”

이 말에는 힘이 있다. 용서받은 사람을 다시 끌어내리려고 위협하는 힘에 대항할 수 있도록 돕는 힘이다.

용서는 우리가 다음과 같이 말할 수 있도록 동기를 부여한다.

“안돼! 나는 이 습관을 깰 수 있어. 더 이상 같은 일을 반복하지 않을 거야.”

지침 3. 당신에게 상처를 준 사람을 용서하는 마음을 가지라.

일단 하나님과 용서의 문제가 해결되었다면, 다른 사람들과의 관계를 한번 들여다보라. 다음 단계는 당신에게 상처 준 사람을 용서하는 것이다.

인적이 드문 뉴욕의 작은 공동묘지에 이렇게 쓰인 묘비가 있다.

“용서받음!”

더도 덜도 아닌 그냥 “용서받음!”이란 단어를 달리 보면 하나의 큰 물음표와 같았다.

무엇을 용서받았다는 말일까? 누구에 의해서일까? 어떤 큰 죄를 지었길래 "용서받음"이라고 써서 후대 사람들에게 알리려 했을까? 그렇게 쓰지 않으면 누군가 와서 무덤을 팔 정도로 엄청난 죄를 지었던 것일까?

아내가 썼을지도 모른다. 자신에게 충실하지 못하고 아이 키우는 고생의 흔적도 없는 아름다운 다른 여자 때문에 아내와 아이들을 버리고 떠난 남편에 대해 분노심과 미움을 갖고 살아온 아내 말이다.

혹은 한 아이의 아버지일 수도 있다. 짐 몇 개만 허접한 가방에 싸서 먼지 나는 도로를 따라 대도시로 간 후에 방탕아로 타락해 돌아오지 않는 아들을 향한 말이었을지도 모른다. 그래서 아버지는 무덤을 찾아서 아들이 용서받았다는 것을 이 세상에 알리려고 했는지도 모른다.

혹은 그런 멜로드라마 같은 이야기가 아닐 수도 있다. 그저 그가 하나님의 엄청한 은혜를 풍성하게 맛보았고 용서받았다는 사실을 세상에 알리기 원했을 수도 있다.

"용서받음!"

바로 이 단어에는 하늘의 향기가 난다. 그래서 아마 우리 중에 어떤 이는 용서하기 힘들다는 것을 느끼고 있는지도 모른다.

상처가 너무 심해서 도저히 용서하지 못하는 상황에 처해보았는가? 놀라운 것은 당신과 같은 사람이 많다는 사실이다.

누군가 당신에게 잘못했고, 그 사람을 도저히 용서할 수 없다는 생각이 들 때, 쓰디쓴 기분과 미움을 어떻게 극복하는가?

한 사업가는 몇 년 간 해외에 나가야 했다. 사랑하는 아내와 세 아이를 남겨두고 말이다. 그런데 돌아왔을 때 그는 아내와 자기의 가장 친한 친구와의 관계가 심상치 않음을 발견했다.

그는 해외에 나간 사이 아내와 아이들뿐 아니라 가장 친한 친구까지도 잃어버린 엄청난 대가를 치러야 했다.

2년간 미움이 그의 마음속에 끓었다. 그의 기분이 어떨지 상상이 가는가? 그는 도저히 그들을 용서할 수가 없었다. 이상한 생각이 잘 때에도 따라다녔고, 깨어 있을 때는 늘 화가 나게 만들었다.

그는 하나님께 미움을 없애달라고 기도했지만 소용이 없었다.

마침내 그는 한 목사님을 찾아가서 상담했다.

자신의 이야기와 미움의 감정들을 쏟아 붓고 마지막에 질문했다.

"용서하기 위해 내가 무엇을 해야 합니까?"

그러자 목사님은 대답했다.

"아무 것도 없습니다!"

그 목사님은 예수님께서 갈보리에서 죽었을 때, 우리의 죄인 '미움' 때문에 죽으셨다고 말했다. 우리가 크리스천 되기 전에 저지른 죄를 위해 죽으신 것과 같이 이후의 죄에 대해서도 마찬가지라고 했다.

목사님은 그가 하나님께서 이미 우리에게 주신 그 용서의 마음을 가지기를 권고했다.

그가 예수님의 마음을 가지려 노력하자 자기 안의 미움의 감정이 사라지는 걸 느끼기 시작했다.

당신도 누군가를 도저히 용서할 수 없는 입장에 있다고 생각할 수도 있다.

그렇다면 먼저 당신의 힘으로는 누군가를 용서할 수 없다는 진리를 부여잡으라.

당신은 주님께 그 문제를 가지고 가야 한다. 대부분 우리는 상대방이 벌을 받았으면 하는 생각을 하나님이 아시지 않게 하려고 노력한다. 우리는 "하나님, 난 그 사람을 용서할 수가 없어요"라는 말은 잘

안 하려고 한다.

그러나 당신에게 상처를 준, 용서할 수 없다고 생각하는 그 사람을 위해 기도해야 한다. 그 사람을 낮게 보고 당신을 선행의 정점으로 추켜세우라는 말은 아니다.

예수님께서는 이렇게 기도하셨다.

"아버지, 그들을 용서하시옵소서."

당신이 누군가를 위해 기도할 때, 그 사람도 힘없고 나약한 인간이라는 것을 알게 될 것이다. 미움의 감정은 불쌍히 여기는 마음으로 변하기 시작하고, 마침내 부드러운 마음이 되어 그를 용서하게 될 것이다.

이것은 당신에게 상처 준 그 사람과 동떨어진 섬에서 남은 인생을 살고 싶어한다는 의미가 아니다. 당신이 그 사람을 보거나 생각할 때 더 이상 속이 뒤틀리지 않는 것을 말한다. 또는 그의 이름이 언급될 때 더 이상 입술이 씰룩거리지 않게 되는 것을 의미한다.

결국 당신은 상처 준 사람과 대면할 때 이렇게 말해야 한다.

"미안해요. 절 용서할 수 있으세요?"

그렇게 된다면 당신에게 상처 받은 그 사람도 그와 같은 방식으로 다가올 것이다. 사실 우리가 좋아하는 방식은 아니다. 용서가 어떤 개인적인 접촉 없이 주고 받아들여질 수 있는 것이라면, 훨씬 쉽게 느껴질 것이다.

그러나 결국 우리가 성장하고 싶다면, 우리의 삶 속에서 불편한 문제들을 놓고 직접 대면할 필요가 있다.

문제와 대면하려면 우리와 충돌한 그 사람과 만나야 한다. 누군가를 용서할 수 없다고 생각할 때, 먼저 용서는 의지의 문제이고, 다음이 감정의 문제라는 것을 유념해야 한다.

대부분의 경우 "그래, 나는 그 사람을 용서할 거야. 결심했어"라고 시인하면 마음도 따라오는 것을 알게 될 것이다.

예수님은 우리가 다른 사람과 충돌이 있다면 그에게 혼자 가서 이야기를 해야 한다고 분명하게 말씀하셨다(마 18:19 참조).

선물을 보내거나 또 다른 사람이 우리의 편이 되는 것은 우리의 입장에서 봤을 때 좋은 움직임이라 할 수 있지만, 우리가 그 사람에게 "제발 용서해줘" 또는 "난 널 용서했고 나에게도 동일하게 해줬으면 해"라고 말하지 전까지 모든 거래는 끝나지 않은 것이다.

지침 4. 자신을 용서하라.

용서는 세 가지 영역이 포함된 다리가 세 개인 의자와 같다. 하나라도 없으면 불완전하며 균형이 깨어지게 된다. 그 세 가지 영역은 다음과 같다.

A. 하나님과의 관계 속에서의 용서

B. 감정이 상한 그 사람과의 관계에 있어서 용서

C. 자신과의 관계에서의 용서

아마 가장 심각하게 마음을 괴롭히는 것은 마지막 부분일 것이다. 많은 사람들이 하나님께 자신의 마음을 쏟아 붓고, 그분께 용서를 구하는 것이 자신을 용서하는 것보다 더 쉽다는 것을 알고 있다.

"나는 스무 살이고 삼 년 전에 이혼했으며, 나쁜 죄를 저질렀습니다. 예수님이 '우리의 죄를 자백하면, 그는 신실하게 우리를 용서해 주실 것이라' 고 하셨지만, 나는 내 자신을 용서할 수가 없고 죽고만 싶습니다."

"나는 성경이 말하는 것이 사실이란 것을 압니다. 그러나 15년 전에 나는 하나님의 명령을 어기고 간음죄를 저질렀습니다. 내 남편이 나를 용서했지만 나는 마음의 평안을 찾는 것이 불가능합니다. 달리 생각할 수가 없습니다. 어떻게 해야 하나요?"

수백 명의 사람들이 이와 같은 문제를 가지고 있다. 하나님이 그들을 용서해주셨다는 것에 대해서는 비교적 확신이 있지만, 스스로 곤경에서 빠져 나오지는 못한다. 그렇다면, 다소 철학적인 질문을 해보라.

"하나님께서 나를 용서하셨는데 무슨 이유로 나는 자신을 용서할 수 없지?"

이론적으로는 아무런 이유가 없다. 자신을 용서하지 못하는 것은 마음의 평안을 파괴하고 나아가 당신의 능력을 감소시킨다. 왜냐하면 엄청난 죄책감을 지니고 있기 때문이다.

죄책감은 하나님께서 원하지 않는 것이다.

지침 5. 괴로운 기억들을 예수님께 맡기라.

예수님은 이미 우리의 죄짐을 지고 죽으셨는데, 우리는 상처 입히고 애태우는 기억의 짐을 왜 지고 다녀야 하는가?

간단히 말하면 그것은 우리가 책임져야 할 것이 아니다. 내가 사람들에게 누군가에 대해 앙심을 품고 있을 권한이 있는지 없는지에 대해 이야기할 때, 종종 우스운 질문을 한다.

"당신이 하나님보다 위대하십니까?"

그들은 보통 웃으면서 말한다.

"정말 우스운 질문이네요."

우리는 자신의 행동이 다른 사람에게 미친 영향때문에 스스로 벌 받아야 한다고 생각한다. 그러나 자신을 용서하지 못할 때 마음의 평안은 사라지고 우리의 능력 또한 감소하며 영적인 생명력도 약해진다.

죄를 계속 짊어지고 있다는 것은 그리스도가 행하신 일을 헛되게 만드는 것과 다름없다. 우리는 죄책감을 짊어지는 것이 마땅하다고 생각하지만, 우리의 죄는 이미 오래 전에 그분이 지고 가셨고, 더 이상 스스로 짊어질 필요가 없다.

죄책감을 완전히 없애버리기 위한 행동을 취할 필요는 있다. 먼저 마음의 눈에 예수님이 십자가에서 느꼈을 모든 고통과 감내해야 했을 외로움들을 그려보라. 십자가에는 무언가 붙여져 있다.

"이 사람은 유대인의 왕 예수이다." (마 27:37 참조)

십자가에 달릴 때 이렇게 쓴 표지판을 거는 것은 로마인들의 못박는 의식 중에 하나였다. 죄가 많은 사람들에게 보이기 위해 로마인들은 양피지나 파피루스 종이에 그 사람이 왜 형벌을 받는지 범죄내용을 적었다. 그것을 십자가 위에 붙여놓았고 지나가는 모든 사람이 그 내용을 보고 왜 그 사람이 형벌을 받는지 알 수 있게 했다.

당신을 힘들게 하는 죄와 행위를 생각해 보라. 예수님의 십자가 위에 붙어있던 것처럼 말이다. 상처에서 흐르는 피가 글씨를 덮으며 지워질 때까지 그려보라.

바울은 골로새인들에게 편지를 쓸 때, 그와 같이 죄가 씻겨지는 그림을 마음속에 그려주었다.

"또 범죄와 육체의 무할례로 죽었던 너희를 하나님이 그와 함께 살리시고 우리의 모든 죄를 사하시고 우리를 거스르고 불리하게 하는 법조문으로 쓴 증서를 지우시고 제하여 버리사 십자가에 못 박으시고"(골 2:13~14).

하나님의 시각으로 자신과 자신의 죄를 바라보는 것은 신앙의 일부이다.

히브리서의 저자는 다음과 같이 썼다.

"믿음은 바라는 것들의 실상이요 보지 못하는 것들의 증거니"(히 11:1).

영혼을 태우는 쓰디쓴 기억을 없애버리는 데 도움을 주는 다른 방법은 차분히 앉아서 그 기억을 적어보는 것이다. 내용들을 상세히 적다보면 추악한 일들도 있을 수 있다.

이제 그 기록들을 찢어서 조그만 상자에 넣으라. 그리고 마음의 눈으로 예수님께서 당신 앞에 서 있는 모습을 그려보라.

주님께서 못 자국 난 손으로 당신이 쓴 것을 다시는 기억하지 않도록 가져 가시는 모습을 상상하라.

그리고 그 죄는 벌써 없어진 것임을 명심하라.

그분은 우리에게 약속하셨다.

"나 곧 나는 나를 위하여 네 허물을 도말하는 자니 네 죄를 기억하지 아니하리라"(사 43:25).

당신이 쓴 것을 불로 태우는 것도 괜찮다.

불길이 그것을 태울 때, 의식적으로 모든 기억을 예수 그리스도께 드렸다는 것을 다시 한번 기억하라. 그리고 그분의 손에 모두 맡겨두라.

지침 6. 마음을 지치게 하는 기억에 머물러 있지 마라.

어떤 사람들은 끊임없이 괴롭고 아픈 가슴으로 산다. 좌절하게 만
든 삶의 조각들을 붙들고 살기 때문이다. 그렇기 때문에 늘 아픔에
대한 이야기를 한다. 기회가 오지 않아도 기회를 만들어서 그런 이야
기를 한다. 결국 친구들은 더 이상 듣고 싶어하지 않고 피하려고 할
것이다. 이때의 외로움은 그 상처를 가중시킬 뿐이다.

하나님께서 당신을 용서했고, 당신이 자신을 용서했으며, 상처를
준 사람을 이미 용서했다면, 더 이상 그 문제를 마음에 남겨두지 말
라. 사단은 종종 우리의 마음속에 용서받았고 잊어버렸어야 할 문제
들을 가지고 와서 우리를 굴복하게 만든다.

지침 7. 들끓는 기억을 하나님의 말씀으로 바꾸라.

하나님의 말씀은 치유의 능력이 있다. 성령께서 말씀으로 아픈 기
억을 가진 감정에 회복과 치유를 가지고 오신다.

『십자가와 칼』(The Cross and the Switchblade)을 쓴 작가 데이브 윌커
슨(Dave Wilkerson)은 마약으로 마음이 심히 상한 사람들에게 가장 효
과적인 치료법은 하나님의 말씀, 즉 성경으로 그의 마음을 조정하는

것이라고 말했다. 이것은 심리적이면서 영적인 치유를 가지고 온다.

이 주장은 마약으로 둔해진 사람들뿐만 아니라 감정적으로 탈진된 사람들에게도 적용되는 이야기이다.

지침 8. 치유 과정에 성령과 협력하라.

성령 충만한 삶 가운데(갈 5:22, 23 참조) 쓰라린 감정은 없다. 이는 이 말씀에 선행하는 육체적인 삶의 설명에 나와 있는 감정이다. 간단히 말하자면, 쓰린 감정은 주님께로부터 온 것이 아니다.

하나님이 삶을 만지도록 성령과 협력하는 것은 매우 중요하다.

하나님의 본성은 자유케 하고 회복시키시며 치유하시지만, 사단의 본성은 넘어지게 하고 속이고 파괴한다. 하나님께서는 우리를 용서해 주는 것에만 관심 있고, 뒤틀린 감정을 바로잡아 주시는 것에는 무관심하다고 믿는 것은 불완전한 신앙이다.

감정의 치유도 하나님께서 우리를 회복시키시기 원하는 계획의 일부이다.

그분은 자녀들에게 이렇게 말씀하셨다.

"나는 너희를 치료하는 여호와임이라"(출 15:26).

또한 다윗은 주님을 찬양하며 말했다.

"그가 네 모든 죄악을 사하시며 네 모든 병을 고치시며"(시 103:3).

이것은 육체적인 고치심뿐만 아니라 기억과 감정의 치료까지 포함하고 있다.

진정으로 끓어오르는 분노의 감정과 기억에 대해 하나님께 치유받기를 원한다면, 다음 단계로 나아가라. 같은 지역 교구에 있는 장로나 신앙의 선배를 찾아가 기도를 부탁하라.

당신을 힘들게 하는 것을 상세하게 나눌 필요는 없지만, 누군가가 당신의 완전한 치료를 위해 기도해 주는 것은 필요한 일이다.

교회에 속해 있지 않다면, 믿는 이웃이나 친구에게 기도해 달라고 부탁하라. 그냥 혼자서 기도할 수 있다고 생각할 수도 있다.

그러나 성경은 함께 하는 기도의 힘에 대해 기록하고 있다. 자신의 힘으로 확신을 가지지 못할 때가 종종 있기 때문에 다른 사람과 함께 기도하는 것은 당신의 믿음을 더욱 강하게 해줄 것이다.

"진실로 다시 너희에게 이르노니 너희 중의 두 사람이 땅에서 합심하여 무엇이든지 구하면 하늘에 계신 내 아버지께서 그들을 위하여 이루게 하시리라 두세 사람이 내 이름으로 모인 곳에는 나도 그들

중에 있느니라"(마 18:19, 20).

오랫동안 많은 교회들은 육체와 감정, 또는 영혼에 대해 하나님의 치유하시는 능력을 잘못 이해하고 있다. 그것은 아마도 돌팔이 의사들이나 전문적인 치유가라고 하는 사람들이 하나님의 이름을 자신의 이기적인 목적을 위해 잘못 사용했기 때문인지도 모른다.

그렇다 하더라도 우리는 모든 사람의 필요한 부분들을 보살펴 줄 의무와 특권을 행사해야 한다.

예수 그리스도 안에서 갖게 된 영적 상속권과 유산을 다시 찾아야 한다는 말이다.

지침 9. 하나님께서 당신의 삶에 주신 회복과 치유로 인하여 그분을 찬양하라.

라구나 캐년(Laguna Canyon)이라는 곳에 불이 난 적이 있다. 파괴된 소유물 중에 호르텐스 밀러(Hortense Miller) 정원이 있었는데, 2,000종 이상의 나무와 꽃이 있던 식물원이었다. 그곳은 아름다운 꽃과 초목으로 둘러싸인 천국과 같았다. 그런데 그 불은 정원의 언덕 부분을 새까맣게 태웠고 보기 흉한 상처를 남겼다.

재앙이었을까? 사람들은 재앙이라 불렀다.

그러나 몇 달이 지난 지금, 그 언덕에는 아름다운 야생화들이 다시 살아났다. 그 꽃들은 지난 30년에서 100년간 보지 못한 낯선 종류의 꽃들이었다. 그곳이 정원이 되기 전에는 야생화들이 언덕을 덮고 있었다. 그러다 정원이 만들어지면서 다른 식물들이 심기워졌고, 야생화의 씨앗은 땅속에 묻혀졌다.

씨앗 중 어떤 것은 30년에서 40년, 어떤 것은 75년에서 100년까지 땅속에 살아 있었다. 그것은 묻혀 있었지만 죽지 않았던 것이다.

인간의 눈에 재앙으로 보이는 불이 땅에 보이는 대부분의 것들을 태웠다. 그러던 중에 태양빛과 충분한 비는 숨겨져 있던 야생식물 씨앗에 양분을 주었고 결국 회복된 아름다움으로 다시 피어나게 했다.

현재 그 정원은 불이 나기 전의 모습인 질서 있고 품위 있던 모습과는 다르다. 그렇지만 더욱 아름다워졌다. 그 아름다움은 하나님의 손으로 다시 정리된 것이다.

우리에게 재난으로 보이는 것들은 색다른 종류의 아름다움을 가져다주는데, 그것은 하나님의 손에 의해서만 생겨나는 것이다.

그리스도인과 삶을 운명의 무질서한 움직임으로 받아들이는 사람들과는 차이가 있다. 때때로 그 형태를 알 수 없지만, 그리스도인은 하나님의 목적과 계획하심이 모든 사건 가운데 있음을 알고 있고 또 알아야 하는 사람이다.

그리스도인은 불이 난 후에 야생화를 찾게 되고, 하나님이 자신의 뜻에 따라 모든 것들을 운행하신다는 사실을 받아들일 수 있다(엡 1:11;롬 8:28 참조).

하나님이 삶 속에서 일하시도록 하라. 화재가 날 수 있지만 다음에 주실 회복과 치유로 인해 감사하라.

그리고 불에 타서 어두워졌던 삶의 배경을 화려한 정원으로 새롭게 변화시켜줄 꽃들을 바라보라.

한 여인이 있었는데 그녀는 행복한 결혼을 했고, 두 명의 사랑하는 딸을 둔 어머니이다. 결혼 10년 후에 그의 남편은 그녀에게서 멀어지기 시작했다. 집을 떠나 있는 시간이 점점 많아졌고, 집에 들어와서는 보통 텔레비전에만 빠져 있었다.

어느 날 남편이 단 한번도 그녀를 진정으로 사랑해 본 적이 없고, 그동안 거짓으로 살았던 삶에 지쳤다고 말했을 때, 그녀는 세상이 무너지는 것을 느꼈다. 남편은 같이 일하는 사무실 여직원과 결혼하기 위해 그녀에게 이혼을 요구했다. 그녀는 밤마다 잠을 이루지 못했고, 그들이 결혼할 당시 임신하고 있었던 기억을 떠올렸다. 처음에 남편은 결혼하는 걸 원치 않았다. 그러나 그들은 결혼했고 그가 폭탄을 터뜨리기 전까지 행복하게만 보였다.

1. 그녀가 자신을 비난할 만한 소지들이 있는가?

   치명적인 결과를 피하기 위해 그녀는 고통과 배신감을 어떻게 다루어야 할까?

2. 한때는 고통스러웠지만 이제는 사라진 기억이 있는가?

   죄책감과 고통을 없애기 위해 거친 과정은 무엇이었는가?

3. 당신이 자행한 일이든, 당신에게 일어난 일이든 아직까지 당신의 마음을 괴롭히는 기억이 있는가?

   당신이 할 수 있는 세 가지는 무엇인가?

   과거에 당신에게 적용된 방법이나 이 장에서 알게 된 것이 있다면 무엇인가? 자신을 치료하기 위해서 말이다.

나쁜 기분 유지하기

1. 죄책감, 좌절, 분노와 같은 오래된 감정의 테이프들을 반복해서 마음 속에 재생하라.

2. 그 감정들로 당신이 비난받아야 한다고 생각하라. 〈괴로움을 간직하고 있으면 그 감정은 강한 산성물질과 같이 당신의 영혼을 잠식할 것이고, 다른 사람들에게까지 퍼질 것이다.〉

좋은 기분으로 살아가기

1. 혼자서 감내하기 벅찬 고통이 있다면 상담을 받거나 좋은 친구와 이야기하라.

2. 당신의 모든 분노와 고통을 종이 위에 기록하라.

3. 그런 다음 성냥을 켜서 그 종이에 불을 붙이라. 불길에 글자가 지워지는 걸 보면서 종이에 표현된 그 감정들을 모두 떠나보낼 수 있다는 걸 자신에게 상기시키라.

4. 하나님께 그 재를 맡기도록 도와달라고 기도하라.

5.
화 내 는   것 이
나   쁜   가   ?

일리노이의 한 사업가가 호텔 객실 담당 직원에게 다음날 새벽 5시에 자기를 깨워달라고 부탁했다. 그리고는 중요한 약속이 있는데, 자신은 한번 잠들면 잘 깨지 못하는 편이라서 일어나지 못할까봐 걱정된다는 말도 덧붙였다.

"네, 알겠습니다! 꼭 깨워드리겠습니다!"라고 직원이 말했다.

다음날 아침 그 사업가가 잠에서 깨어 보니 아침 9시였다. 약속 시간은 이미 한참 지나버린 후였다.

그 사업가는 호텔 직원을 찾아서 욕까지 내뱉으면서 심하게 화를 낸 뒤에 그 호텔에서 나와버렸다. 이 상황을 지켜보고 있던 지배인이 그 직원에게 말했다.

"저 사람 화가 단단히 났군!"

그러자 직원이 대답했다.

"글쎄요. 내가 새벽 5시에 깨울 땐 얼마나 더 화를 냈는지 보셨어야 해요!"

웃을지 모르겠지만 오늘날 분노 때문에 실패하는 사람들에게는 절대 웃을 일이 아니다.

우리들 대부분은 분노란 잠정적으로 위험한 감정이며, 그것을 표출하는 것은 늘 잘못된 것이란 개념을 가지고 자라왔다. 그런데 그게 사실일까?

1. 분노가 나쁜 것인가?

놀랍게도 성경에는 분노와 강한 격분의 감정에 대해 아주 많이 언급되어 있다. 구약만 해도 분노에 대해 455번이나 언급하고 있다. 그 중에 375번은 하나님 자신에 관한 것이다.

대부분은 하나님의 지시를 따르지 않은 결과로 하나님을 기쁘시게 하지 못하고 화를 자초한 이스라엘 백성에 관련된 이야기들이다.

신약에도 분노와 그것을 극복하는 방법에 대한 언급이 있다.

예수님은 특정한 사건들에 대해 믿음이 부족한 제자들에게 화를 내셨다. 또 바리새인들의 위선과 마음의 강팍함에 대해서도 화를 내셨다.

"죽은 사람의 뼈로 가득한 회칠한 무덤들아"라고 예수님은 그들을 묘사하셨다. 성전에서 비둘기를 파는 사람들의 의자와 돈 바꾸는 사람들의 탁자를 뒤엎으셨을 때, 그분은 분명히 화를 내셨다.

채찍을 집어들고 그들을 쫓아내시며 이렇게 말씀하셨다.

"내 집은 기도하는 집이라 일컬음을 받으리라 하였거늘 너희는 강도의 소굴을 만드는도다"(마 21:13).

성경은 분노가 숙련된 의사의 손에 들린 해부용 칼처럼 그 자체로는 나쁜 것이 아니라고 한다. 적절히 사용되었을 때는 성격과 인격에 좋은 영향력을 미칠 수 있다고 한다. 성경의 저자들은 강한 분노를 "격노"라고 말하고 있는데, 이 단어는 보통 부정적인 문맥에서 주로 언급되었다.

"하나님이 우리를 세우심은 노하심에 이르게 하심이 아니요 오직 우리 주 예수 그리스도로 말미암아 구원을 받게 하심이라"(살전 5:9).

격분, 즉 강한 분노는 종종 대항하게 하고 나중에 후회하는 일들을 하도록 부추기곤 한다.

"사람이 성내는 것이 하나님의 의를 이루지 못함이라"(약 1:20).

또 성경은 화내는 것과 화를 간직하는 것과의 차이점에 대해 분명히 말한다. "분을 내어도 죄를 짓지 말라"고 바울은 에베소인들에게 가르쳤다(엡 4:26 참조).

옳고 그름을 판가름하는 기준은 바로 당신이 화를 어떻게 다루느냐에 있다.

왜 요즘 세대를 화를 잘 내고 신경질적인 세대라고 하는가?

왜 우리의 감정은 때로 활활 타오르는 것인가?

왜 이렇게 화낼 일이 많은가?

2. 사소한 자극에도 폭발하게 하는 원인

1) 스트레스는 분노를 낳는다.

오늘날 우리는 역사상 어느 때보다도 더 바쁜 삶을 살고 있고, 그 결과로 늘 긴장에서 벗어나지 못한다. 바이올린 줄을 조이고 또 조이는 것처럼, 일정을 빡빡하게 채운다.

이렇게 우리는 예수님도 하실 수 없었던 일을 하려고 하고 있다. 적당한 휴식과 안정이 없이 산다는 말이다. 예수님은 제자들에게 일한 후에 "따로 나와 쉬도록 하라"고 말씀하셨지만, 우리는 그런 시간을 좀처럼 내지 않는다. 따로 나와 쉬는 법을 배우지 않는다면, 정신적으로 지칠 수밖에 없다.

2) 좌절은 분노의 분출을 야기한다.

학교에서 원하는 점수를 받지 못했을 때, 당연할 거라 생각했던 승진이 이루어지지 않았을 때, 우리는 좌절한다.

그리고 그것이 적절히 해소되지 않을 때 좌절은 분노로 변하게 된다.

예일대학의 정신과 의사인 제임스 코너는 다음과 같이 말했다.

"사람들은 세상이 자신에게 다가오고 있고, 주위에 사람들은 너무 많으며 점점 손해보는 느낌을 가진다고 한다. 우리는 스스로 무능력하게 느끼다가 갑자기 자신의 문제를 도와줄 수 있는 것이 무엇인지 의문을 갖기 시작한다. 그러다 언짢은 감정이 생기게 되고 결국 좌절로 인해 폭발하게 된다."

내 친구 존은 트레일 바이크(험한 길을 달릴 수 있는 가볍고 튼튼한 자전거)를 사냥하는 데 가지고 갔다. 그런데 갑자기 자전거가 작동이 되지 않았다. 존은 그걸 어설프게 만져보기 시작했지만 여전히 작동시킬 수가 없었다.

자전거와 씨름하는 시간이 길어지면서 존은 사냥하는 일은 물 건너갔다는 생각이 들었고 점점 화가 나기 시작했다. 인내심이 다할 때까지 견딘 후에 그는 권총을 꺼내들고 자전거의 바퀴를 터뜨리고, 자전거를 절벽으로 밀어 떨어뜨렸다.

때때로 우리도 이렇게 하고 싶을 때가 있지만 그렇게 하기엔 자전거가 아깝다는 생각이 들지 않는가?

3) 개인적인 모욕은 화가 나게 만든다.

내가 연설하기로 되어 있던 아프리카의 한 나라에 도착했을 때이
다. 비행기 안에서 답답함을 느꼈기 때문에 나는 비행기가 땅에 착륙
하자마자 서둘러서 내렸다. 비행기 밖으로 처음 나온 사람도 나였고,
당연히 세관에 제일 먼저 도착한 사람도 나였다.

나는 여권을 세관 담당자에게 제시했다. 담당자는 아주 느리게 일
을 처리했다. 그런데 자국민들이 도착하자 내 여권을 책상 옆에 제쳐
두고는 그들의 것을 먼저 처리했다.

나는 그 자리에 서서 참을성 있게 기다렸지만, 자국민이 계속 몰려
오면서 내 여권의 처리는 점점 더 뒤로 밀려났고, 셔츠 칼라 밑이 더
워지기 시작했다.

나는 그 나라의 손님일 뿐이라고 나름대로 좋게 생각하려고 노력
하면서 입을 다물고 있었지만, 개인적인 부당행위가 기분을 너무나
상하게 했다.

4) 권리가 침해되었을 때 화가 난다.

결혼생활에서 한 남자가 아내에게 특정한 것을 기대할 때, 아내 역

시 남편에게 특정한 것을 기대하게 된다. 남편이나 아내가 기대하는 것이 다른 이유는 각각 다른 가정에서 자라나 사물을 바라보는 시각이 다르기 때문이다.

상대방으로부터 기대하는 것이 실현되지 않거나 받아야 할 권리와 특권을 다른 사람으로부터 받지 못할 때, 짜증은 분노로 변하게 된다.

자신이 무시당했다는 느낌을 받으면 개인적인 공격으로 받아들이고는 그 사람과 함께 있고 싶지 않을 것이고 으스대는 모습을 참을 수 없게 된다. 결혼이 깨지더라도 자신의 권리를 주장하게 될 것이고, 그러는 중에 싸움에서는 이길지 모르지만, 친구나 혹은 남편, 아내를 잃을 수도 있다.

5) 가치체계와 반대되는 상황에서 화가 난다.

예수님의 생애를 연구하다 보면, 그분은 잘못된 상황을 보고 화를 내셨다는 것을 알 수 있다. 그리고 잘못된 상황에 대해 뭔가 행동을 취하셨다. "의로운 분개"라고 할 수 있다. 우리에게도 그것이 필요하다.

신문에 운전을 하고 가던 한 여인에 대한 기사가 났다. 여인은 두 명의 강도가 한 남자의 주머니를 털고 있는 것을 보았다. 노상강도라는 것을 눈치챈 그녀는 멈추어 서서 경적을 울리기 시작했다.

강도들은 그녀의 차에 권총을 발사하고 그 길로 도망쳤다. 기세가 꺾이지 않은 그 여인은 계속 경적을 울리면서 용의자를 추격했고, 결국 도망가던 강도들의 차가 주차되어 있던 다른 차와 충돌한 뒤에 경찰에 체포되었다. 그녀는 한 리포터에게 말했다.

"난 내 자신에게 말했어요. 저대로 그들을 도망가게 하지는 않겠다구요! 잠깐 제정신이 아니었나 봅니다."

3. 대처하는 법을 익히라.

분노가 부정적인 감정이고 부적절하게 사용될 때 엄청난 혼란을 초래할 수 있지만, 적절하게 사용된다면 자신과 일반 사회에 좋은 영향으로도 작용한다.

다음 다섯 가지 지침은 우리의 삶 속에 분노가 적당한 자리를 차지하도록, 또는 분노에 대처하는 법을 익히도록 도움을 줄 것이다.

자연적으로 분노를 피할 수는 없지만, 어느 정도는 가능하다. 자신을 잘 조절하여 화나게 만드는 스트레스의 상황을 없애보도록 하라.

예를 들어 아침에 늦게 일어나면 출근 때 운전을 빨리 해야 하거나 제 시간에 공항까지 도착하지 못할 수 있다.

또 시간을 너무 빡빡하게 계획하면 일정의 변화가 생겨도 화가 날 수 있다. 그러므로 미리 계획해 두는 것은 화를 자극하는 상황을 없애줄 수 있다.

지침 2. 상황을 전체적인 시야 속에서 보면서 분노를 해결하라.

점점 약이 오르기 시작할 때, 잠깐 멈추어 스스로에게 물어보라.

"이 상황이 감정적 스트레스와 긴장감을 가질 만한 가치가 있는 걸까?"

또는 이렇게 물어볼 필요도 있다.

"저 사람 때문에 내 기분을 망칠 필요가 있는가?"

오늘날 많은 사람들에게 있는 문제는 참 변덕스럽다는 것이다. 너무 쉽게 변하는 기분에 따라 행동하고 충분히 생각하지 않는다.

밴스 해브너가 말한다.

"불독이라면 스컹크에게 으르렁대며 위협할 수 있겠지만 가끔은 그게 가치가 없는 일일 때가 있다."

맞다. 해고당할 위험을 감수하면서 당신이 다니는 회사 사장님께 그에 대한 생각을 말하는 것이 가치가 있는가? 화낸다고 아내와 자녀에게 좋은 영향을 주는가? 내가 생각했던 금액의 10배를 직원에게 수당으로 주었다고 해도 웃을 수 있는 여유를 가지라.

삶은 흘러가게 마련이고, 지금부터 백 년 후엔 그게 아무 문제도 안 될 것이다. 게다가 아마 그 돈이 그 직원의 삶에 꼭 필요한 돈이었는지도 모른다.

상황을 넓은 시야 속에서 보라. 그러면 오랜 기간 동안 좌절하고 불안해하며 발끈해야 할 필요가 없음을 알게 된다.

지침 3. 감정을 훈련하라.

예수의 형제였던 야고보는 "내 사랑하는 형제들아 너희가 알거니와 사람마다 듣기는 속히 하고 말하기는 더디 하며 성내기도 더디 하라"(약 1:19)고 했다.

오늘날 우리는 듣는 데는 느리고, 말하는 데는 빠르며, 화는 쉽게

낸다. 하지만 삶은 당신이 말하는 것을 훈련하고 기분을 통제할 수 있는 법을 익힐 때 훨씬 나아질 것이다.

농구 선수인 베이나드 포레스트는 경기를 하면서 다음의 사실을 알게 되었다.

"경기장에서 기분을 조절하지 못하면 중요한 역할을 해내지 못합니다. 나는 골대 아래에서 과격한 몸싸움과 신체적인 접촉이 많이 일어나는 걸 알지만 침착함을 유지합니다. 기독교인의 모범을 보여주고 싶거든요."

세 아이의 아버지가 바쁜 하루를 마치고 집으로 가는 길에 어떤 차가 그의 차를 가볍게 스치고 지나갔다. 화가 난 그는 속력을 올려서 그 차를 추격했다. 그리고는 똑같이 그 사람의 차에 흠집을 냈다.

두 운전수 모두 화가 났고, 먼저 흠집을 냈던 남자는 차를 세워두고는 좌석 밑에서 총을 꺼내더니 즉시 그 남자를 죽여버린 일이 있었다. 자신의 기분을 표출했을 뿐인데 그 대가는 엄청났다.

누군가 당신을 괴롭혀서 분노가 일어날 때, 스스로에게 물어봐야 한다.

"이 사람 때문에 마음 쓸 가치가 있는가? 같은 수준으로 대할 필요가 있는가?"

그 문제에 대해 필요 이상의 많은 아드레날린을 소비하고 있는 것은 아닌지 주의해야 한다. 우리는 자주 무언가에 의해 괴로울 때 감정적으로 과민 반응을 보일 때가 많다.

파리채를 사용해도 되는데 권총으로 날려버리는 너무 많은 감정적 에너지를 분출하는 것이다.

때때로 우리는 백화점에서 쇼핑하고 있는 아이의 아버지와 같이 되어야 한다. 아이 아빠는 간간이 말했다.

"천천히, 알버트!", "차분해야지", "조절 좀 해야겠지?"

옆에서 듣고 있던 한 사람이 말했다.

"나는 어린이 심리학자입니다. 내가 당신 아들 알버트를 어떻게 다뤄야 할지 좀 알려드릴까 합니다."

그러자 그 남자는 말했다.

"알버트는 내 아들이 아니에요! 내 이름이 알버트랍니다!"

지침 4. 감정을 분출하고 화를 마음속에 담아두지 말라.

그렇다면 어떻게 표출해야 할까? 추천할 만한 네 가지 방법이 있다.

첫째, 먼저 신체운동은 아주 좋은 방법이다. 조깅, 수영, 미용체조, 걷는 것 등을 통해서 스트레스를 몸 밖으로 내보낼 수 있다.

둘째, 감정을 적절히 분출할 수 있는 또 다른 방법은 음악을 통해서이다. 레오나르드 번스타인(Leonard Bernstein)은 언젠가 어떻게 말했다.

"길을 가면서 헤드폰을 끼고 베토벤 교향곡을 감상할 수 있으니 얼마나 행복한 세상입니까? 음악에 심취되어 밀려오는 감동을 주체하지 못하는 모습을 상상해 보십시오. 만약에 그 음악적 격정을 노상에서, 또는 만나는 사람들에게 그대로 발산해 버린다면 감옥에 가기 딱 알맞을 것입니다. 당신이 그 음악에 심취하고 있다는 것을 사람들은 모르기 때문입니다."

아이들과 아내를 때리고 싶은 유혹을 드럼을 치거나 피아노 건반을 치는 것으로 대신한다면, 훨씬 생산적인 방법이 될 것이다.

셋째, 당신의 감정을 백지에 옮겨 그림으로 감정을 분출하라.
넷째, 기도를 통해 감정을 분출해 보라.

지침 5. 상황을 바꾸므로 분노를 해결하라.

이 지침은 당신을 괴롭히는 것에 다 적용되지는 않겠지만, 어떤 상황이 계속 성가시게 하고 그것에 대해 뭔가 할 수 있다면 해보라.

화나게 하고 마음을 아프게 하는 교회에 25년 동안 다녔다면, 교회를 옮기는 편이 나을지 모른다. 오래 전부터 말썽을 부린 차를 계속 타고 다니면서 좌절감을 거듭 느끼는 것보다는 가서 새 차를 구입하는 것이 좋을 것이다.

승진에서 제외된 직장에 머물러 있는 것보다는 일을 바꿔보는 것이 좋을 수도 있다. 하지만 우리가 바꿀 수 없는 상황도 있고, 하나님께 상황을 받아들일 수 있는 은혜를 베풀어달라고 기도해야 할 때도 있다.

4. 좋은 방향으로 사용하라.

분노는 강력한 감정이지만 좋은 것도 나쁜 것도 아니다. 화가 날 때 당신은 다음 세 가지 중 하나의 모습일 것이다.

첫째는, 화난 상태로 있는 것이다.

많은 사람들이 이런 상태이다. 그들은 늘 무척 화가 나있다. 마치

금방이라도 폭풍우를 일으킬 것 같은 먹구름 상태이다. 그들 속의 자동온도조절기는 210도이고, 끓는 점 약간 아래로 늘 유지되어 있다.

그들은 깊이 자리잡은 적대감을 유지하고 있는데, 때로 그 근원은 어린 시절로 거슬러가기도 한다.

두번째 경우는, 분노를 이성적으로 다스린다.

화를 내야 할 때도 절대 화를 내지 않는다. 어쩌면 성격과 인격형성에 화를 내는 것이 오히려 필요한 일인데 주저하고 무관심한 상태로 일관한다.

세 번째는, 화가 나는 것을 자신에게 좋은 방향으로 사용한다. 이것이 올바른 상태이다.

5. 좋게 화를 내는 방법은 무엇인가?

다음은 그것이 가능하도록 돕는 네 가지 지침이다. 이것은 바울이 에베소인들에게 보낸 서신의 내용에 기초한 것이다.

"분을 내어도 죄를 짓지 말며 해가 지도록 분을 품지 말고"(엡 4:26).

우리는 자주 나의 분노의 감정과는 아무 상관이 없는 사람에게 적대감을 분출하곤 한다. 그래서 무고한 사람이 당하기도 한다.

예를 들면, 당신은 상사에게 무척 화가 나있지만 그를 대면할 용기는 없다. 몹시 화나고 짜증난 상태로 집으로 온다. 차고에 도착했을 때 아이의 자전거가 제대로 놓여 있지 않은 것을 보고, 본능적으로 아이에게 소리를 지른다. 물론 적어도 열두 번은 자전거를 제자리에다 치워놓으라고 아이에게 말한 적이 있다. 그러나 당신의 노여움은 사태의 심각성과는 이미 벗어나 버린상태다.

자칫 잘못된 공격은 아동학대와 성인들 간의 폭력을 초래하는 주요 요인이 된다. 누군가에 대한 분노를 다룰 수 없을 때, 우리는 약하고 무력해서 저항하지 못하는 이들을 희생자로 삼아 공격하여 그 감정들을 풀곤 한다.

이것 때문에 예수님은 문제가 있는 사람에게 가서 서로 대면하여 그 문제를 해결하라고 말씀하신 것이다(마 18:15 이후 참조).

분노는 내야할 사람에게 올바른 방식으로 내야 한다.

사람들은 "의로운 분개"에는 무관심하고, 자신을 화나게 하는 것에 대해서만 엄격하고 즉각적으로 대처하곤 한다.

전도서 3장 1~8절에 보면, 무슨 일을 하든지 때가 있다고 말한다. 예수님은 화내야 할 때에 대해서 적당한 예를 보여주셨다.

"예수께서 성전에 들어가사 성전 안에서 매매하는 모든 사람들을 내좇으시며 돈 바꾸는 사람들의 상과 비둘기 파는 사람들의 의자를 둘러 엎으시고 그들에게 이르시되 기록된 바 내 집은 기도하는 집이라 일컬음을 받으리라 하였거늘 너희는 '강도의 소굴'을 만드는도다 하시니라"(마 21:12~13).

예수님의 행동은 옳은 행동이었다. 우리는 청소년들에게 악영향을 끼치는 공영방송에 대해서도, 공인들의 불건전함에 대해서도, 정부의 부패에 대해서도 분개를 해야 한다.

적어도 우리가 좋아하는 텔레비전 프로그램이 별 흥미가 없는 축구경기에 의해 방영되지 못할 때 화내는 만큼은 말이다.

지침 3. 적당한 시간 동안만 화를 내라.

이것은 바울의 충고를 총괄하는 것이다.

"해가 지도록 분을 품지 말고."

그의 충고는 화를 다음날이 되기 전에 당신의 마음속에서 없애버리란 말이다. 바울의 충고에 주의하지 않으면 어떻게 될까?

레오 마도우 박사는 해결하지 않은 분노는 다양한 신체적인 문제를 일으킨다고 말했다. 관절염에서 천식, 비뇨기질환, 일반 감기까지 말이다.

또한 각양각색의 정신질환까지 낳게 된다고 말한다. 모든 것은 피할 수 있는 것들인데 말이다.

지침 4. 올바른 방법으로 화를 내라.

만약에 분노가 문제를 일으킨 사람보다 문제 자체를 향한다면 훨씬 긍정적이고 건설적일 것이다. 그러나 주먹으로 벽을 치거나 당신에게 빚진 사람을 친다면, 그저 문제를 더 악화시킬 뿐이다.

당신의 지갑에도 이롭지 않을 뿐 아니라 다음날 당신의 주먹도 성하진 않을 것이다.

예수님은 건설적이면서 올바른 방식으로 화를 내셨다. 그는 성전에서 돈 바꾸는 자들을 내어 쫓으셨다. 이때 내쫓긴 상인들처럼 잘못한 사람들은 뒷걸음질치고 도망하게 될 것이다.

모든 것에는 시간과 장소가 있다. 그리고 이러한 지침을 따름으로써, 결혼과 일에 지장을 줄 수 있는 기분들이 당신에게 선하게 사용될 수 있음을 알게 될 것이다.

하나님의 도움으로 당신은 화가 당신을 패배시키도록 내버려두지 않고 조절할 수 있다.

일을 마치고 집으로 돌아오는 고속도로에서 건방진 한 운전사가 당신 앞으로 갑자기 끼어들어서 급브레이크를 밟았다. 당신은 화를 내면서 경적을 마구 울려댔고, 운전사도 기분이 상해서 돌아보고는 삿대질을 하며 욕을 했다.

1. 최근에 화가 난 적이 있다면 두 가지를 말해보라.
   각 상황에서 당신은 어떻게 대처했는가?
   한 가지 상황이 다른 상황보다 더 해결하기 쉬웠는가? 그렇다면 각 상황에서 다른 점은 무엇인가?

2. 당신이 화내는 상황은 어떤 것인가?
   그 분노에 대처하기 위해 어떤 방법을 취할 수 있는가?

3. 당신을 화나게 만든 사람에게 오랫동안 화를 내고 있는가? 화를 내는 이유가 올바르다고 생각하는가?
   상황에 비해 너무 오랫동안 화가 지속된다면? 그 분노를 해결하기 위해 당신이 할 수 있는 방법은 무엇인가?

나쁜 기분 유지하기

1. 기분이 상하거나 모욕적일 때 상대방에게 똑같이 대하라. (우리는 가속장치를 밟고 싶을지도 모르고, 난폭하게 운전한 그 운전수에게 위

협을 주며 거칠게 운전하고 싶기도 하며, 그의 앞을 가로 막고 싶을
때도 있다. 거기에다 굳고 화난 눈초리를 마주하게 된다면 더욱 더
복수심을 느낄 것이다. 하지만 이것은 우리에게 분노와 스트레스만
가중시킬 뿐이다.)

2. 기분 상했던 상황에 대해 계속 생각하고 하루종일 사람들에게 그 얘
　 기를 하라.

좋은 기분으로 살아가기

1. 모든 것을 균형 있게 살피라.

2. "다른 사람을 극복할 수 있는 사람도 위대하지만 자신을 극복하는
　 사람은 더 위대한 사람이다!"
　 숨을 깊이 들이쉬고 화가 나있는 상황에 대해 생각할 시간을 가지라.

하나님의 말씀은 치유의 능력이 있다.
성령께서 말씀으로 아픈 기억을 가진 감정에
회복과 치유를 가지고 오신다.

6.
걱 정 에 서
벗 어 나 려 면 ?

린던 존슨이 한 늙은 부인에게 요즘 어떻게 지내느냐고 물었다. 그녀는 "좋습니다!"고 대답하고는 덧붙였다.

"걸을 때는 천천히 걸어요. 그리고 앉을 때는 그냥 아무렇게나 앉고요. 걱정거리가 다가올 때는 그냥 누워서 잠이 들곤 하지요."

하지만 모든 사람이 이렇게 할 수는 없다.

나는 크리스천들이 갖는 흔한 내적 갈등을 표현한 편지 한 통을 받았다.

"나는 크리스천이고, 걱정해서는 안 된다는 것을 압니다. 그러나

난 걱정을 합니다. 이런 나의 문제를 극복할 수 있는 방법이 있을까요?"

물론 있다. 이 장에서 말하려고 하는 바가 바로 그것이다.

걱정은 많은 내적 갈등을 일으키고 자신의 존재의식을 올바르게 인식하지 못하게 하는 꼬리표와 같은 것이다. 이러한 갈등 중에 어떤 것은 지극히 개인적이라 친한 친구에게조차 말하기 힘들다.

걱정은 특정산업을 성장시키기도 했다. 걱정에 대처하지 못하는 우리는 정신과 의사, 심리학자, 심리치료사, 상담가들을 찾아간다. 문제에 대한 해답을 찾기 위해 수천 명의 사람들이 다양한 치료와 자기 구제를 위한 책 등으로 손을 뻗는다.

통속문화에서 성경에 근거한 가르침에 이르기까지 각양각색의 해결법들이 제안되고 있다. 그런데 걱정에 대해 이상한 점 중에 하나는 비그리스도인들만큼이나 그리스도인도 걱정의 희생자가 된다는 것이다.

물론 삶의 일들을 조절하는 하나님이 계시지 않다면, 미래에 대해 걱정을 하는 것이 좋을 것이다. 삶의 성공과 실패가 당신의 노력에 달려 있다면 말이다.

그러나 하나님이 계셔서 우리를 지도하고 이끌어주신다면, 하나님이 계셔서 기도를 들으시고 응답해 주신다면, 우리가 걱정하는 것은 시간을 허비하고 엄청난 양의 에너지를 흘려버리는 것이다. 성경은 미리부터 이 문제에 대해 말해주고 있다.

예수님은 성경의 다른 어느 저자보다 걱정에 대해 많이 언급하셨다. 우리가 무엇을 먹을까 무엇을 마실까 또는 무엇을 입을까(마 6:25~34 참조) 걱정한다고 하셨으며 그를 따르는 사람들에게 반대세력이 그들을 정부권력에 넘겨준다 해도 무슨 말을 할지 걱정하지 말라고 하셨다(마 10:19 참조). 그리고 마르다에게 "많은 일로 염려하고 근심한다"(눅 10:41)고 하시면서 그러한 것들을 염려하면서 에너지를 쏟을 가치가 없다고 말씀하셨다.

두 번째 대변인은 바울이었다. 그는 걱정과 관심간의 차이를 명백히 한다. 바울은 관심이 올바른 방식이라고 가르친다. 건강과 신체적 안녕, 또는 사람들을 향한 관심은 안정을 위해 필요한 단계를 밟도록 유도한다. 반면에 걱정은 일반적으로 우리가 뭔가 할 수 없는 일에 대하여 쉽게 누그러들지 않게 하고 사람을 약하게 만드는 끈질긴 염려일 뿐이다.

바울은 결혼하지 않은 사람은 주의 일을 행할까 걱정하고, 결혼한 사람은 배우자를 기쁘게 하기 위해 걱정을 한다고 말했다(고전 7:32~34 참조). 그리스도의 몸은 서로 관심을 보여주는 것이지 염려하는 것이 아니다(고전 12:25 참조).

관심은 긍정적인 힘으로 우리의 삶을 풍요롭고 더 나아지게 만들어 줄 수 있다.

걱정은 필요 없는 것이다. 그러나 이것을 오늘날 많은 사람들이 놓치고 있다. 걱정은 긍정적인 것을 만들어내지 못한다. 대신 꼭 필요한 잠을 앗아갈 뿐이다. 깨진 레코드가 긁힌 트랙만 계속 나오게 하는 것처럼 걱정은 우리의 마음을 비생산적인 생각으로 메운다. 그리고 생산적인 해결점을 찾지 못하게 할 뿐 아니라 아무 것도 바꾸어놓지 못한다.

1. 걱정은 아무 것도 바꾸지 못한다.

예수님은 부활하시기 바로 전에 제자들과 만나서 미래에 대한 마지막 명령으로 생각될 만한 말씀을 하셨다.

"너희는 마음에 근심하지 말라 하나님을 믿으니 또 나를 믿으라"

(요 14:1).

성경 전체의 메시지는 하늘에 계신 하나님께서 모든 상황을 통제하시고, 우리의 삶을 위해 개인적으로 관심을 표명하고 계시기 때문에 걱정은 불필요한 것이라고 말한다.

바울은 빌립보서를 쓸 때 이 걱정이라는 문제에 특별히 초점을 맞추었다.

"아무 것도 염려하지 말고 다만 모든 일에 기도와 간구로 너희 구할 것을 감사함으로 하나님께 아뢰라"(빌 4:6).

우리가 이렇게만 한다면 인간의 마음이 이해할 수 있는 것보다 더 놀라운 하나님의 평안을 체험할 수 있을 것이다. 그리고 그의 평안은 예수 그리스도를 신뢰할 때에 우리의 생각과 마음을 잔잔하게 하고 힘을 줄 것이다(빌 4:6~7 참조). 바울의 교정 수단은 간단했다.

"아무 것도 염려하지 말라 … 모든 일에 기도하라."

간단히 말하자면 해결을 위해 하나님을 신뢰하고 그분께 매일의 요구사항을 가져가라는 말이다.

여섯 살 짜리 아이의 사회적응이 염려가 되는 어머니는, 그것을 걱정하는 것보다 그 걱정 때문에 기도할 수 있을 것이다.

직장에서의 해고나 가족들을 먹여살릴 만한 충분한 소득이 없음을 염려하는 아버지는, 걱정으로 쇠약해지기보다는 기도할 수 있다. 대학입학소식을 기다리고 있는 입시생 역시 마찬가지이다.

걱정은 하나님이 크고 힘있으며, 삶의 필요에 대해 무엇이든 기꺼이 해주실 수 있다는 것을 믿지 않도록 한다. 그래서 염려하는 게 낫다고 생각한다. 그러나 걱정하고 있는 자신의 모습을 볼 때, 정말로 믿음이 있는지 자문해 보기 바란다.

2. 하나님의 섭리안에 있다면 걱정은 불필요하다.

예수님이 걱정하는 자들에게 엄하게 말씀하신 것은 중요한 이유가 있다고 생각한다. 예수님은 하나님이 전능하신 분이며, 하늘의 아버지 또한 약속을 지키는 도덕상의 의무가 있다고 이해했다. 그래서 율법과 선지자들은 하나님의 진리와 교훈들을 알아야 한다고 가르친다. 모세는 다음과 같이 말하고 있다.

"하나님은 사람이 아니시니 거짓말을 하지 않으시고 인생이 아니시니 후회가 없으시도다 어찌 그 말씀하신 바를 행하지 않으시며 하신 말씀을 실행하지 않으시랴”(민 23:19).

간단히 말해, 예수님은 하나님께서 그의 자녀들에게 책임을 다할 것이라고 믿으셨다.

하나님께서 우리를 위해 갖고 계신 뜻이 우리의 제한된 시각과 이해를 훨씬 넘어선다. 이것은 하나님의 섭리의 일부이다.

“너는 마음을 다하여 여호와를 신뢰하고 네 명철을 의지하지 말라 너는 범사에 그를 인정하라 그리하면 네 길을 지도하시리라”(잠 3:5, 6).

마지막 말인 “네 길을 지도하시리라”는 우리가 사는 세상이 어둡고 이해하는 데 제한이 있음에도 불구하고 하나님께서 인도해 주시리라는 약속이다.

나는 하나님의 섭리와 인도하심을 생각할 때, 요셉을 떠올린다. 그는 형들에 의해 노예로 팔려갔다. 인간의 시각으로 보면 희망이 없어 보이는 힘든 상황이 분명하다. 그런데 바로의 노예라는 낮은 신분에서 그는 애굽의 수상이 되었다. 그리고 요셉은 다음과 같이 말했다.

“당신들은 나를 해하려 하였으나 하나님은 그것을 선으로 바꾸사”(창 50:20).

가정에서 무언가 잘못되어갈 때 하나님의 인도하심에 대한 확신이 있는가? 가진 돈보다 더 많은 청구내역을 받을 때, 병 때문에 가족이 힘들 때, 하나님께서 자신의 뜻에 합당하게 모든 것들을 운행하신다는 것을 믿는가?

물론 절대 경제적인 문제에 부딪치지 않을 거란 뜻이 아니다. 어떠한 문제들도 우리를 짓누르지 못할 것이다. 또한 어떤 인간관계의 문제에도 부딪치지 않을 것이란 의미가 아니다. 그런 문제들 때문에 망가질 필요가 없다는 뜻이다. 그것은 삶에서 어려움을 맞을 때 하나님께서 우리와 함께하리라는 것을 의미한다.

3. 걱정은 효과가 없다.

예수님께서 질문을 통해 지적하셨다.
"너희 중에 누가 염려함으로 그 키를 한 자라도 더할 수 있겠느냐"
(마 6:27).

걱정이 그에게 최선을 주지 못할 것이라고 믿은 한 병사는 작은 카드에 다음과 같은 글을 써서 지니고 다녔다.

"나는 앞서 가든지 뒤에서 가든지 둘 중에 한 경우에 있다. 만약 앞에 있다면 두 가지 가능성이 있다. 위험에 노출되든지 안전하게 있든지. 또한 둘 중에 위험에 노출된 상황이라면 다치거나 아니거나 둘 중 하나이고, 만약 다친다면 회복이 가능하거나 죽거나이다. 만약 죽으면 걱정할 수도 없다. 그러니 지금 걱정할 필요가 있는가?"

그 병사는 걱정의 불필요함을 지혜롭게 인식하고 있었다.

우리는 하나님께서 자녀들에게 섭리를 가지고 돌보신다는 진리를 보지 못하고 있다.

"우리가 알거니와 하나님을 사랑하는 자 곧 그의 뜻대로 부르심을 입은 자들에게는 모든 것이 합력하여 선을 이루느니라."(롬 8:28)

그런데도 우리는 계속해서 기도해야 할 일들을 기도하지 않고 걱정한다.

조지 리온은 말했다.

"걱정은 문제를 빌리는 사람들이 지불하는 이자이다."

걱정으로는 미래에 생길 것 같지만 일어나지 않는 일에 대해 아무것도 할 수 없다는 것이다. 걱정은 그저 우리의 생산성을 효과적으로 무효화해버린다. 어떤 사건에 대해 행동을 취할 수 있는 관심과는 달리 걱정은 무언가를 하기 위한 노력을 지속적으로 거절하는 것이다.

단지 마음의 평화를 파괴하는 일만 할 뿐이다.

하나님께서 우리에게 주신 방어기제 중에 하나는 이치에 맞는 관심이다. 예를 들어, 암세포가 몸 안에 있다면 의사의 지시를 따라 식이요법과 의약 치료를 하는 게 좋다. 비정상적인 무언가 생긴다면 즉시 의사를 찾아가도록 해야 할 것이다.

하지만 걱정은 직면하기 어려운 문제들이라며 삶의 의욕 자체를 빼앗아 간다. 건강에 대한 관심은 의사에게 검진을 받도록 하지만, 걱정은 우리의 마음을 먼저 마비시키고 말 것이다.

좀 더 솔직하게 말하면, 삶에 대하여 하나님의 보살핌과 관심이 있기 때문에 걱정하는 것이 무의미하고 쓸모 없다고 인식하면서도 걱정을 하고 있다면, 그것은 정말 죄라고 할 수 있다.

"그러므로 사람이 선을 행할 줄 알고도 행하지 아니하면 죄니라"(약 4:17).

그리고 사회적으로 받아들여지든 아니든 걱정이란 죄는 하나님께서 보시기에는 용납될 수 없는 것이다.

어떤 사람들은 항의할 것이다.

"걱정을 안 할 수가 없어요. 그게 본성인데요!"

걱정이 누군가의 본성이 될 수 있다는 것에는 어떠한 과학적 근거도 없다. 기독교인인 정신과 의사 폴 칼슨 박사는 감정적, 심리학적인 보상 때문에 어떤 사람들은 다른 사람들보다 더 많이 걱정한다고 말한다.

어떤 사람이 다른 사람들보다 더 강한 비전을 가지고 있고, 또 어떤 이들은 보통 사람들보다 더 신체적인 재능이 있듯이, 어떤 이는 다른 이보다 더 잘 믿고 덜 걱정한다고 할 수 있다.

그러나 대부분은 하나님을 신뢰하지 못하기 때문에 걱정을 택하는 것이다.

우리는 하나님이 없는 것처럼 걱정할 수도 있고, 하나님이 나를 위해 최선의 일을 하실 거라고 믿는 길을 택할 수도 있다. 어쩌면 걱정할 것인지 신뢰함으로 나설 것인지의 문제에 너무 집착한 나머지 하나님의 위대하심과 광대하심을 보지 못했을지도 모른다.

하나님께서 어떤 상황도 감당할 수 있는 능력이 있으신 분이라는 기본적인 믿음조차 없는 상태는 아닌지 점검해 보라.

하나님은 결코 당신이 두려움과 걱정에 잡혀있길 원하지 않으신다.

새가 머리위로 날아다니는 것을 막지는 못하지만 머리에 집을 짓는 것은 막을 수 있다.

4. 걱정을 믿음으로 바꿔주는 데 도움을 주는 실제적인 지침들

지침 1. 걱정이 문제가 될 수 있다는 것을 알아야 한다.

'걱정에 빠진 이들의 모임'이라 불리는 조직이 있다면, 그 모임에 참여하는 사람은 이렇게 말하면서 자신을 소개해야 할 것이다.

"내 이름은 마이클입니다. 나는 걱정하는 사람입니다!"

걱정이 만성이 되어버렸음을 인정하는 것은 문제에 대한 장기적인 해결을 향한 첫 번째 단계이다.

당신은 이렇게 생각할 수도 있다.

'나는 내 문제를 처리할 수 있어. 물론 다른 사람들처럼 조금은 걱정하지만 특별한 도움은 필요 없어.'

많은 사람들이 그들의 문제를 정신과 의사나 상담자들에게 가지고 달려가지만, 아마 당신은 자신의 문제를 스스로 처리할 수 있다고 믿는 엄격한 개인주의자 중의 한 명일 수도 있다.

하지만 하나님께서 짊어지지 않아도 된다고 하신 "걱정이란 짐"을 지는 것이 그리 현명하지는 않다.

하나님께는 해결책이 있다.

등에 엄청난 가방을 짊어지고 고속도로를 걸어가는 한 남자를 생각해 보라. 그는 그 무거운 짐 때문에 제대로 걸을 수도 없어서 천천히 가고 있었다. 그때 텅 빈 트럭이 지나간다. 운전수가 그 남자의 지친 모습을 보고 차를 길가에 세우며 말했다.

"여보세요, 당신 짐을 내 트럭에 실으세요. 내가 시내까지 태워 드리겠습니다."

그런데 그 남자가 이렇게 말한다.

"아니, 괜찮습니다. 감사하지만 혼자 할 수 있습니다."

당신은 그 사람 정신이 온전한지 의심스러울 것이다. 혹은 짐을 가진 남자가 트럭 뒤에 타고는 있지만, 짐을 내려놓지 않고 들고 있다고 가정해 보자. 당신은 그가 제정신인지 더더욱 의심스러울 것이다.

믿는 사람의 걱정은 이 트럭에 탄 남자와 같다. 우리는 자신의 짐을 예수님께 내려놓고 그분의 동력으로 짐을 운반할 수 있다. 그리스도께서는 우리의 짐에 대한 값을 지불하셨다.

그분을 신뢰할 때 우리의 짐을 기꺼이 짊어지실 것을 약속하셨다.

그러므로 첫 번째 단계는 걱정이 문제가 될 수 있으며, 그분만이 이 문제를 다룰 수 있다는 것을 알아야 한다.

"친히 나무에 달려 그 몸으로 우리 죄(당신을 걱정하게 하는 것들을 포함)를 담당하셨으니"(벧전 2:24).

지침 2. 믿음으로 하나님께 아뢰어 문제를 해결해 달라고 하라.

바울의 조언을 기억하는가?

"아무 것도 염려하지 말고 모든 일에 기도하라!"

우리는 그 반대로 거의 모든 일에 걱정하고 실질적으로 아무 것도 기도하지 않는다. 하나님의 정신 치료는 신뢰로 시작한다. 지난 밤 뒤척이게 했던 그 문제를 다루어 달라고 하나님께 구체적으로 아뢰어 보라. 당신의 집요한 생각을 제거해 달라고 구하라.

성경은 걱정이 생기는 동시에 그 걱정들을 주님께 던져버릴 수 있다고 말한다.

"너희 염려를 다 주께 맡기라 이는 그가 너희를 돌보심이라"(벧전 5:7).

살인적인 경쟁으로 가득찬 차갑고 인정이 없어 보이는 이 세상에 단비와 같은 말씀이다. 시편 55편 22절도 비슷한 말로 조언한다.

"네 짐을 여호와께 맡기라 그가 너를 붙드시고 … ."

지침 4. 하나님만이 하실 수 있음을 인정하라.

하나님의 정신치료를 실제로 받고 싶다면, 당신은 이렇게 말해야 한다.

"이제는 걱정하지 않겠어. 그 문제를 주께 맡기고 주님이 해결하시도록 내버려둘 거야."

밤에 깨어 뒤척이게 만드는 많은 문제들은 하나님만이 책임져주실 수 있는 것들이 대부분이다. 그러나 우리의 본성은 우리가 할 수 없는 일을 스스로 고치려 하고 걱정을 한다.

암벽등반을 하던 어떤 사람이 있었다.

어느 순간 피톤(안전을 위해 바위면으로 끼워넣는 대못)이 빠져 버렸고, 그는 떨어져 죽을 것같은 끔찍한 기분을 느꼈다. 결국 그는 떨어졌지만 하나 남은 피톤 때문에 겨우 매달렸다. 그 피톤이 버티지 못하면 떨어져 죽을 것이라는 걸 알고 있었다.

영원처럼 느껴지는 시간이 흘렀다.

점차 밧줄이 탱탱해지기 시작했고 비록 위험하게 밧줄 끝에 매달려 있었지만 그는 살았다.

이마에서 식은땀이 났다. 감히 밑을 쳐다보지 못하고 그는 계속 불길한 생각이 들었다.

'하나 남은 피톤마저 빠지면?'

체중 때문에 피톤이 빠지면 죽게 될지도 모르는 상황이었지만, 뒤를 볼 수 없었기 때문에 동료들이 올 때까지 그는 극도의 공포와 고통을 견뎌야 했다.

결국 동료들이 그를 안전하게 구조하였고 그제서야 그는 아래를 쳐다볼 수 있었다.

그런데 1미터 남짓 아래에 그를 충분히 지탱해줄 만한 넓은 암층이 있는 것 아닌가!

때로 우리는 불필요하게 걱정을 붙들고 있다. 바로 아래에 전능하신 하나님의 팔이 있다는 것을 인식하지 못한 채 말이다(신 33:27 참조).

지침 5. 다시 걱정하지 말라.

일단 주님께 걱정거리를 맡겼다면, 전날 밤의 고생에서 벗어났고 새로운 아침을 맞았으며, 그분께 문제를 넘겼다고 다짐하는 일만 남았다.

"주님, 이 필요를 주님께 맡깁니다. 주님께서 해결해 주십시오. 저는 더 이상 그 문제로 인해 고민하고 싶지 않습니다. 주님께서 맡아주십시오. 그 문제로 저는 뜬눈으로 밤을 지새우길 원치 않습니다."

그리고 나서 불을 끄고 말하라.

"이 밤에 평안한 안식을 주옵소서."

다섯 번째 단계까지 밟았다 하더라도 그 단계들을 한 번 더 되새겨 보라. 내가 정말 주님께 뭔가를 맡겼다고 생각하지만, 신체적으로 피로할 때 걱정을 하고 있는 자신을 발견할 수 있다. 그때 처음 주님께 말했을 때처럼 고백하라.

"주여, 나는 이것을 감당할 수가 없습니다. 주님이 맡아 주세요!"

　병적이라고 할 정도로 걱정하는 한 사람이 있었다. 그는 딱히 걱정거리가 없어도 걱정거리를 만들 정도였다. 걱정이 올림픽 이벤트였다면, 그는 쉽게 금메달을 땄을 것이다. 보다 못한 한 친구가 이렇게 말했다.

　"너를 도와줄 수 있는 훌륭한 상담자 한 명을 알고 있어."

　마지못해서 그는 약속을 정했고, 몇 주간의 상담 끝에 상당한 진전을 보았다.

　이후 그는 이전의 어느 때보다 더 행복해 보였다. 좋아 보이는 그를 보며 한 친구가 말했다.

　"난 네가 이렇게 될 수 있다는 게 정말 신기해!"

　"그래, 물론 몇 천 달러의 비용이 들지만 가치가 있긴 한 것 같아."

　"근데 너한테 그만한 돈이 없잖아. 그 돈을 어떻게 마련할 거야?"

　"그건 의사가 걱정할 일이지!"

토론 문제

조안의 할머니는 암으로 돌아가셨고, 어머니도 중병으로 돌아가셨다. 조안의 가슴에 혹이 발견되었을 때, 그녀는 걱정에 사로잡혔다. 그녀 또한 무서운 질병을 갖고 있다는 확신이 들었고, 진찰을 받는 것조차 무의미하다는 생각이 들었다.

1. 조안의 상황에서 발견된 혹에 대한 건강한 관심은 어떤 것일까? 조안이 이에 대해 가질 수 있는 다른 반응은 어떤 것이 있을까?

2. 당신의 삶 속에서 걱정하게 만드는 것이 있다면 말해보라. 그것에 대한 건강한 관심과 죄스런 걱정과는 어떤 차이가 있는가?

3. 걱정하는 습관을 없애버리기 위한 방법에는 어떤 것이 있는가?

나쁜 기분 유지하기

1. 걱정하도록 유혹하는 것을 마음에 계속 품고 있으라.

2. 걱정에 대한 이유를 정당화하는 것도 역시 당신을 힘들게 만들 것이다.

좋은 기분으로 살아가기

1. 뭔가 걱정되는 일이 있다면, 그것에 대해 당신이 할 수 있는 일이 있는지 생각해보라.

2. 아무 것도 할 것이 없다면, 하나님께 속한 것이 무엇인지 말해보라.

3. 당신의 걱정거리들을 종이 위에 적어보라.

4. 각각의 결과는 누구에게 책임 지울 수 있을지 적어보라. 당신인가? 하나님이신가?

5. 각각에 대해 당신이 뭔가 할 수 있다면, 그 문제를 해결하기 위해 취할 수 있는 행동들을 적어보라.

6. 두렵거나 혹은 냉담하게 느낄지라도 즉시 실행에 옮길 수 있도록 자신을 훈련시키라.

"주여, 나는 이것을 감당할 수가 없습니다.
주님이 맡아 주세요!"

7.
권태는 질병이다

다음은 한 여성이 자신의 삶에 대해 고백한 글이다.

"나는 스스로에게 왜 불만족스러운지를 묻는다. 나에게는 건강하고 착한 아들, 아늑한 새집과 충분한 돈이 있고, 남편은 전기공학기술자로 미래가 밝다.

그는 나와 같은 감정을 느끼지 않는다. 그는 내가 여행을 한번 다녀올 필요가 있다고 하지만, 내가 생각하기에 그것은 해결법이 아닌 것 같다. 나는 혼자 앉아서 책을 읽지 못한다. 아이들이 낮잠을 자고 있으면, 그냥 집안을 걸으면서 아이들이 깨어나기를 기다린다. 그리고 아침에 일어나면, 기대할 것이 하나도 없다는 것을 알게 된다.”

역사적으로 가장 진보하고 높은 생활수준을 가진 오늘날의 문명이 지루하고 냉담한 세대를 만들어냈다.

우리는 즐거움을 구하지만 곧 흥미를 잃어버리고, 굉장한 공연을 보다가도 막이 내리기 전에 객석을 떠나기도 한다. 때로는 텔레비전 앞에 앉아서 드라마, 쇼, 그리고 무엇을 보는지 알지 못한 채 아무 프로그램이나 보고 있을 때도 있다.

우리는 목적 없이 뉴스와 잡지들을 넘긴다.

“나는 피곤해”라고 하는 것은 실제로 “나는 내가 하는 일에 지쳤고, 삶의 방식에 지쳤다”는 것을 의미한다.

권태로움은 모든 계층과 신분에 있는 사람들에게 적용되는 문제이다. 당신이 무엇을 가지고 있느냐 아니냐는 것으로 이 문제의 덫을 피하지는 못한다. 부자이든 가난하든, 재능이 많든 없든, 지식인이든 지능이 떨어지든 간에 모두가 이 권태로움이라는 위기에서 자신을 발견한다.

이 문제는 특별히 여자에게만 있는 것도 아니다. 남자도 여자만큼이나 지루함을 느끼고 삶에 무관심해질 수 있다.

한 사업가는 항상 기분이 나빠서 그 원인을 알기 위해 의사를 찾아갔다. 의사는 검진을 했지만 특별히 그 사업가에게서 드러나는 신체적인 문제는 없었다.

그래서 "당신은 신체적으로 아무 문제도 없으니 진찰료를 낼 필요가 없습니다."라고 말했다.

그 말을 들은 남자는 기뻐하는 것이 아니라 불평을 하기 시작했다.

"선생님, 저는 아침에 일어나는 순간부터 저녁에 잘 때까지 피곤하답니다."

의사는 남자의 문제가 신체적인 문제가 아님을 알 수 있었다. 그는 그 문제가 권태임을 알았고, 이 남자의 인생에 있는 좋은 점들을 지적해 주었다. 좋은 직장과 집, 돈으로 살 수 있는 모든 것들, 매력적인 아내와 아이들까지 말이다.

그런데 남자는 무뚝뚝하게 대답했다.

"남들은 그것을 가지려 하지만 나는 그것이 지겹단 말입니다."

권태로움은 피곤의 주요 요인일 뿐 아니라 가정을 파탄시키는 요인이 되기도 한다. 남자나 여자가 집을 나갔다가 다시 돌아오지 않는 이유가 될 수 있다는 말이다.

1. 권태와 피로의 관계

지난 주에 제대로 되는 일이 하나도 없던 날, 계속해서 방해 받던 날, 아마 어제였을지도 모른다. 아니면 서로 얽힌 문제로 일주일 내내 마음먹고 일을 시작하려고 할 때마다 문제가 생겼는지도 모른다. 전화가 울리고 누군가 수다를 떨려고 집에 들르기도 한다. 당신은 이렇게 말하고 싶었을 것이다.

"잠깐 앉아서 이야기하고 싶지만 난 시간이 없어."

하지만 그의 기분을 상하게 하는 것이 두려워 그냥 앉아서 시간을 흘려 보낸다.

일단 일을 시작했어도 방해를 받는 것은 마찬가지이다. 일에 대한 부담이 늘 머리 속에서 맴돌기 때문이다. 하루를 마감할 때면 한 일은 별로 없는 것 같은데 집에 갈 때는 무척 피곤해져서 돌아간다.

그것이 일 때문일까? 아니다. 피로를 만들어낸 건 긴장 때문이다.

그런데 그 다음날은 모든 일이 잘 풀린다. 그날 밤에 집에 돌아온 당신은 자신이 대단하다고 느낀다. 실제로 당신은 전날보다 훨씬 더 많은 에너지를 쏟아부었는데 별로 피곤하게 느끼지 않는다.

차이점은 성취감이 피로감을 이겨버렸기 때문이다.

사람들은 자신의 삶에 흥미를 잃기 시작하고 다람쥐 쳇바퀴 도는 삶에 피로를 느끼면서 고통스러워 한다.

피로는 끈질기게 사람을 지치게 하고, 비타민이나 약으로는 치료가 잘 되지도 않는다.

콜럼비아 대학의 에드워드 손다이크(Edward Thorndike) 박사는 권태와 피로의 연관성에 대해 몇 가지 실험을 했다. 그는 흥미거리를 바꿔가면서 한 그룹의 학생들을 거의 일주일간 깨어있게 한 실험 결과, 다음과 같은 결론을 지었다.

"피로의 진짜 원인은 권태이다."

열심히 하고 있는 일에 흥미가 없다면, 잠깐 동안 생각하지 말라. 그러면 평소처럼 잠을 잘 자야 한다는 생각도 포기할 수 있게 될 것이다.

피로감의 일부가 정말 권태로움에 의한 것이라면, 치료를 위한 처방에 따라 새로운 삶을 살 수 있을 것이다.

권태로움은 우리의 신체적인 몸에도 피해를 줄 뿐 아니라 결혼과 가정에도 피해를 준다. 서로를 당연시 여기기 시작하고 관계에 있어서도 한때 가진 신선함이나 활기가 없으면 권태로움이 어느새 자리

잡기 시작한다.

권태는 우리 삶의 많은 영적인 면들과 뒤엉켜 있다. 권태는 우리가 하나님과의 접촉을 소홀히 할 때 올 수 있다. 그리고 종종 상대방과의 접촉을 놓치기 시작할 때도 일어난다. 우리의 삶을 어떤 영역은 신체적인 부분, 또 어떤 것은 감정적인 부분이나 영적인 부분으로 정확히 구분하기는 어렵다. 삶 가운데 흥미의 수준이 떨어지면 다른 영역도 침체된다.

이것이 감정적인 문제인 '권태'가 신체적인 문제인 '피로'라는 결과로 나타나게 되는 이유이다. 그리고 동시에 우리는 영적인 퇴보도 함께 느끼게 되는 것이다.

그러면 이 문제를 해결할 수 있는 방법에는 어떤 것들이 있을까?

2. 권태를 극복하는 방법

지침 1. 당신의 삶을 향한 하나님의 뜻을 발견하면서 권태를 극복하라.

잠깐 몇 가지 기본적인 진리로 돌아가 보면, 하나님께서 우리를 향한 뜻이 있다는 사실이 자연에 질서와 정밀성이 있다는 사실보다 받아들이기 어려운 일이 되어서는 안 될 것이다.

행성들은 다른 천계와의 정확한 연관성 속에서 궤도를 지키고 있다. 우리는 이것을 '중력의 법칙'이라고 부른다.

지구축이 23.5도 기울어진 것은 계절을 변하게 하는 원인이 된다. 그리고 서로 뒤엉켜 있는 분자조합은 생명에 질서를 부여해 준다.

이처럼 하나님은 사물들에 대해서도 목적을 갖고 계신데, 하물며 우리를 향한 목적이 있다는 것을 깨닫는 게 어려운 일이 되어선 안 된다. 그 목적을 깨닫는 것은 그리스도를 당신의 개인적인 구주로 받아들일 때 시작된다.

에베소서 5장을 보면 우리가 무지한 자가 되어서는 안 되며, 하나님의 뜻이 무엇인지 분별할 필요가 있다고 말한다.

권태라는 것은 삶 가운데 하나님의 인도하심이 부족하다고 느끼는 데서 야기되었을 가능성이 많다. 목표나 목적도 없고, 자신과 운명에 대해서 불확실한 상태에서 말이다.

하나님으로부터 떨어져 나와 여기저기로 목적 없이 방황하며 무언가를 찾고 구하지만, 모든 것에 이내 지쳐버리고 만다. 그 결과가 바로 권태와 피로이다.

그럴 때 당신은 마치 폭풍 가운데 있는 비행기 조종사와 같다. 착

륙할 곳을 찾지만 아무 것도 보이지 않는다.

뛰어난 기독교 지도자인 마틴 루터, 존 웨슬리, 존 칼빈, 드와이트 L. 무디, 조지 뮐러, R. A. 토레이, 그 외 다수의 일대기를 보면, 그들은 신체적으로 지쳐서 약하고 피곤해질 때는 종종 있었지만, 권태라는 것은 잘 느끼지 않았고 인생의 목적 없이 배회하지도 않았다.

오늘날 많이 지치고 무감동한 사람들이 삶에 대해 공통적으로 갖고 있는 목적과 대조된다. 삶 그 자체에 무관심한 사람들과는 다르다.

오늘날은 물질적 소유에는 풍부하지만, 영적인 빈곤에 처해 있는 것이 사실이다. 영적 목적은 모두를 궁지로 몰아넣는 공허함과 지쳐 있는 상태를 제거해 준다. 권태로움이 삶 속에 영적인 목적이 없기 때문이라면, 그것을 해결하기 위해 무언가를 해보라. 하나님 뜻 한가운데로 들어가보자.

하나님께서 당신을 향한 뜻이 있다는 것을 인정하는 것은 삶에 목적성을 줄 것이다. 생은 최종적인 운명이 있고 당신의 운명은 이제 끝없는 방황에서 멈출 수 있다.

첫 번째 단계를 거친 상태라고 가정해보자. 이제 거기서 어디로 가
야 하는가?

최근에 한 사업분석가가 사업가들에 대해 밝힌 바에 의하면, 이들
은 사업에 대해서 목표를 세우고 야심을 가지고 있지만, 가족과 개인
적인 삶의 문제에 있어서는 미래에 대한 계획이나 목표가 없다는 것
이다.

그는 많은 사업가들이 아내와 왜 결혼했는지 모르고 있고, 삶에서
원하는 것이 무엇인지 모른다고 책망하였다.

가족을 위한 목표는 물질적인 것 그 이상이어야 한다. 당신의 자녀
가 어떻게 자랐으면 하는지, 그리고 그렇게 되도록 어떻게 도와줄 수
있는지의 계획과 아이들의 삶 속에서 보기를 원하는 자질 등을 포함
한다. 그 목표에는 아이와 당신을 위한 교육적인 것들뿐 아니라 문화
적이고 영적인 목적도 포함될 수 있다.

하지만 삶의 목표들은 융통성이 있어야 한다. 융통성 없으면서 쉽
게 이룰 수 없는 종류라면, 우리는 포기하고 또다시 지루해지게 된

다. 한 젊은 남자가 담당 의사를 찾아갔는데, 마침 기독교인 의사였다. 젊은 남자가 말했다.

"만성적으로 피곤합니다."

의사가 보기에는 그에게는 신체적인 문제가 아닌 다른 문제가 있는 것 같았다. 그 젊은 남자는 늘 의사가 되고 싶어했지만 학교에서 제대로 공부하지도 않았고, 성적도 나빠서 의대에 들어가지 못했다고 말했다. 그 결과 젊은이는 계속해서 피곤해 하고 지겹게 느껴지는 삶에 지쳤으며, 일에 있어서도 좌절과 비참함을 느끼며 살아가고 있었다.

의사는 현명하게 그 젊은이의 삶의 목표와 목적을 재편성하고, 그것들을 향해 움직여 보라고 충고해 주었다.

당신은 어떤가?

실패했을 때의 삶 자체를 지루하게 생각하고, 실패의 콤플렉스에 갇혀 패배의식 가운데 살고 있는가?

아니면 새로운 목표를 세우고 그것들을 향하여 움직이는가?

어두움이라는 작은 성에 머물러 있다면, 권태로움이 자리잡게 된다. 하지만 당신은 주님을 기쁘게 할 수 있는 새로운 목적과 목표로 그것을 깨뜨릴 수 있다.

수리공인 샘은 회사에서 가장 단조로운 일을 하고 있었다. 매일 선반에 서서 볼트를 푸는 일을 했다. 그는 매일 아침에 일어나 똑같은 곳에 서서 똑같은 일을 반복해야 했고, 이처럼 끝이 보이지 않는 듯한 일로 하루하루를 맞기가 몹시 두려웠다.

일을 그만두고 싶었지만 새로운 직장을 찾기도 쉽지 않은 일이었다. 그만 둘 경우에 다른 일을 찾을 수 없을까봐 두려웠다. 그에게는 부양해야 할 아내와 아이들이 있었다.

그는 갇힌 것처럼 느꼈지만 일을 그만둘 수 없었기 때문에 새로운 목표와 지루한 일을 좀 더 재미있게 할 수 있는 새로운 방법을 생각해냈다. 그는 생각했다.

"그래! 다른 수리공들과 시합을 하는 거야."

그는 매일 같은 것을 반복하는 지겨움을 깨뜨리기 위해서 몇몇 사람들과 시합하기 시작했다.

어떻게 되었을까?

그의 일은 개선되기 시작했다. 속도가 빨리졌을 뿐 아니라 일의 질도 향상이 되었다.

그것은 그가 진급을 하게 된 시발점이 되었고, 결국 그는 볼드윈 로코모티브 워크스(Baldwin Locomotive Works)의 회장이 되었다.

당신이 지금 하고 있는 일은 샘(Sam)이 했던 일만큼 지루한가?

그러면 그것을 재미있게 하기 위해서 무엇을 할 수 있을까?

때로 우리는 자신에 대한 지겨움이 일에 대한 지겨움보다 더할 때가 있다. 우리는 그것이 환경의 문제라고 생각하면서 계속 새로운 전율과 충격을 기대하며, 흥분할 거리들을 찾는다. 진짜 문제는 자신에게 있는데 말이다.

"우리의 적은 바로 우리 자신이었다!"

만약 문제가 당신에게 있다면, 직장을 바꾸는 것은 지루함으로부터 일시적인 해방감만을 줄 것이다. 결국에는 새로운 일 또한 지겹고 진부하게 느껴질 것이다.

지침 3. 당신이 하는 일을 주님께 하듯 열정을 심어서 권태로움을 극복하라.

"무슨 일을 하든지 마음을 다하여 주께 하듯 하고 사람에게 하듯 하지 말라"(골 3:23).

바울은 이전에 남편과 아내, 아이들, 그리고 하인들에게 몇 가지 지시를 해주었다. 그리고 그는 그 모든 것을 이 조언으로 요약하고 있다. 그가 정말로 말하고 있는 것은 "삶에 질질 끌려가지 말라. 무엇을 하든지 마음을 다하여 특별히 주께 하듯 하고 다른 이유로 하지 말라"는 것이다.

당신이 이런 생각을 하거나 그 엄청난 생각에 사로잡히게 된다면, 당신은 더 이상 이전과 같은 사람이 아닐 것이다. 그 생각은 지루한 일에 열정을 준다. 그 생각은 일을 지루한 상태에서 끌어올리고 살아 있는 일로 만든다.

바울이 처음으로 이러한 지침을 깨달은 사람은 아니다. 수천년 전 전도서의 기자가 말했다.

"네 손이 일을 얻는 대로 힘을 다하여 할지어다 네가 장차 들어갈 스올에는 일도 없고 계획도 없고 지식도 없고 지혜도 없음이니라"(전 9:10).

이 말이 만들어 낼 수 있는 영향력을 살펴보자.

몇 년 전에 매력적이고 세련된 대학교수가 어떤 문제를 가지고 나를 찾아왔다. 그녀는 내가 만났던 사람들 중에 아주 예의 바른 사람이었다. 그녀는 결혼한 적도 없었고, 일에만 몰두하면서 몇 권의 수학 교과서를 낸 저자로도 상당한 명성을 얻고 있었다. 그래서 솔직히 그녀가 자신의 마음을 털어놓는 것을 들으면서 나는 조금 놀랐다.

그녀는 말했다.

"나는 문제가 있고 도움이 필요합니다. 나는 집안일을 심각할 정도로 못합니다. 잘못은 아니겠지만 어떻게 조화롭게 처리해야 할지 도무지 모르겠습니다."

그녀의 삶은 늘 교실에서 이루어지고 있었고, 집에서는 빗자루를 드는 것에 관심이 없었다. 몇 년 동안 잡지와 책들은 책장에서 넘쳐 났고 천장까지 쌓일 정도가 되었다.

우리는 성경말씀 속에 있는 개념들로 이야기를 나누었다. 그리고 삶 가운데 별로 즐겁지 않은 일 조차도 우리가 주님을 위해서라고 생각한다면 해야 한다는 것도 함께 나눴다.

그녀는 몇 명의 제자들에게 짐을 실어서 재활용서점에 갖다 주도록 했다. 몇 상자나 되는 잡지와 학생들이 낸 보고서들이 쓰레기더미로 나갔고, 점점 바닥과 벽장이 보이기 시작했다. 그곳들을 솔로 문지르고 닦아내면서 그녀에게 있어 집안일은 좀 견딜 만하고 좋은 것으로 여겨지기 시작했다.

이 이야기는 가장 지겨운 일에 하나님을 모시고 들어간다면 살아 있는 일이 될 수 있다는 이야기이다.

기독교 사역자인 헨리에타 미어스 박사는 내가 만난 재능 있고 비범한 사람이다. 그녀는 명성 있는 기독교 출판사인 가스펠 라이트의 설립에 공헌하였다. 또한 캘리포니아에 있는 한 컨퍼런스센터의 설립을 추진시킨 사람이기도 한다.

그녀는 C.C.C.의 창시자인 빌 브라이트의 삶에 지대한 영향력을 주기도 했고, 열정으로 똘똘 뭉친 여자였다. 사실 그녀의 친구들은 그녀를 "일등 국가에너지"라고 언급했다.

그녀를 처음 만났던 날 오후를 잊을 수가 없다. 내가 석사학위를 마치고 몇 주간의 한가한 시간을 보내고 있을 때였다.

그녀를 움직이는 것이 대체 무엇인지 알 수 있는 만남이 이루어졌다. 그녀의 작고 아담한 사무실에 들어갔을 때, 비서가 나를 소개했다.

그녀는 편안하고 활발하게 말했다.

"앉아요, 젊은 친구. 두 시간 동안 당신이 학교에서 했던 것보다 기독교에 대해 더 많이 알 수 있을 겁니다!"

열정을 쏘는 권총같이 그녀는 뛰고 날아다녔다. 그날 오후에 나는 학문적이지 않았지만 학문적인 것이 만들어낼 수 있는 그 어떤 것보다 더 중요한 것을 배웠다.

열정이 없다면, 당신은 자신을 얻지도 못할 것이고, 당신의 메시지를 전달해 주지도 못할 것이다.

하나님의 경제학에는 중요하지 않는 일이라는 것은 있을 수 없다. 아내이면서 엄마인 사람은 지저분한 식기로 가득한 싱크대와 빨래 바구니 앞에 서서 성전을 짓고 있다.

하나님은 '집'이라고 불리는 이 성전의 건축가이고, 그녀가 자신의 삶을 조정하는 데도 도움을 주고 있다.

하나님은 그분을 아는 사람들을 위해 평범한 일에 가치와 의미를 부여해 주셨다.

회사에서 일하면서 자기 일에만 관심이 있는 사람만큼 지루한 사람은 없을 것이다.

리더스 다이제스트의 기고가로 유명한 릴리안 딕슨이 교회에서 강연을 할 때면, 그녀의 작은 키 때문에 우리는 그녀가 설 수 있는 받침대를 늘 준비해야 했다. 그러나 속담처럼 작은 고추가 매운 건 사실이다.

선교사 남편이 타이완에서 죽었을 때, 대부분의 미망인들처럼 그녀 역시 짐을 싸서 집으로 올 거라고 예상했다.

하지만 그녀는 지루하고 쉬운 삶으로 인생을 맡기지 않고 소매를 걷어붙이고 선교사이자 세미나 강연자의 아내로서 이전에 했던 것보다 더 많은 일을 해냈다.

그녀는 타이완의 환자들을 위한 병원, 나병환자를 위한 진료소, 고아원, 미혼모를 위한 집, 고아와 비행청소년들의 수련원 등을 향해 손길을 뻗었다.

또한 그녀는 거친 산 위로 올라가서 척박한 지역에 교회들을 세웠다.

심지어 많은 사람이 은퇴하는 나이를 넘겼을 때도, 릴리안 딕슨은 생기와 에너지로 가득 차 있었다. '권태' 라는 단어는 없었다.

그녀는 다른 사람들의 필요에 관심과 열정을 가졌다. 그녀의 역동적인 태도와 문제 해결을 향한 "할 수 있다"는 접근법 외에, 이 위대한 여인에 대해 내가 감동 받은 것은 그녀는 절대 "잡다한 이야기"를 하면서 시간을 보내지 않는다는 것이다. 게다가 그녀는 옷 입는 데 필요한 시간을 참아내지 못했다.

타이완에 있었을 때도 그랬지만, 그녀의 모든 옷은 거의 비슷해 보였다. 그녀에게 중요했던 것은 대부분의 사람들이 중요하게 여기는 것과는 다른 것 같았다.

하나님의 시각에서는 당신 앞에 놓인 일이 멋지고 거창한 일들처럼 중요하다. 삶은 평범하고 흔한 것들로 가득 차 있다. 당신이 식탁보를 바꾸고 선반에 서서 볼트를 조이는 일 가운데 영적인 목적이 있다는 사실을 인지할 수 있다면, 권태로움은 의미와 목적에 굴복하게 될 것이다.

때로 우리는 인생의 작은 일들에 너무나 근접해 있으면서 그것들 가운데 있는 큰 목적을 보지 못한다. 속담이 표현하는 바와 같이 숲에 너무 가까이 있으면 나무들을 보지 못하는 것이다.

3. 권태로움에 덧붙여

권태로움의 원인을 찾고 문제를 객관화시켜 보는 것은 당신이 마주해야 하는 일에 대해 전체적으로 파악할 수 있는 능력을 갖도록 생각하게 해준다.

문제를 숨기거나 어떤 방법으로 벗어나려 해서는 안 된다. 그것은 반드시 해결되어야 하는 문제이고 하나님의 도우심으로 가능한 일이다.

문제를 해결하지 못할 때 당신의 기분은 더 심하게 불쾌해질 것이며, 다른 문제인 스트레스로 발전하게 될 것이다. 다음 장에서 이것에 대해 다룰 것이다.

베티는 8년간 같은 부동산 회사에서 접수원으로 일해왔다. 매일 그녀는 커피를 끓이고 전화를 받는 동안 신문을 뒤적인다. 매일밤 그녀가 사무실에서 돌아올 때면, 그녀는 딸에게 일이 지겹다고 불평을 한다.

1. 그녀가 느끼는 지루함은 사무실에서 자신의 역할에 대해 어떠한 생각을 심어줄 수 있는가? 그녀가 그 일을 계속해서 하려면, 더 재미있게 하기 위해 무엇이 필요할까?

2. 장기간 지루하다고 느껴본 적이 있는지 생각해 보라.
   당신의 에너지가 사람들과의 관계에 어떤 영향을 미쳤는가?
   그 기간에서 벗어나기 위해 어떤 조치를 취했는가? 상황을 더 재미있게 만들었나, 아니면 그 상황에서 도망했나?
   그로 인해 당신의 삶과 관계에 계속되는 부정적 영향이 있는가?

3. 시간 낭비라고 생각되는데 꼭 해야 하는 의무가 있다면 두 가지를 말해보라. 이것들이 당신과 다른 이의 삶에 미치는 긍정적이고 중요한 영향들이 있다면 무엇일까?

4. 종이 한 장을 꺼내어 세 등분으로 나누어보라. 하나에는 '일'이라는 제목을 붙이고, 다른 것에는 '관계', 그리고 세 번째는 '재미'라고 써보라. 기본적이든 광범위하든 각각의 제목에 세 가지 목표를 적어보라. 그리고 각 목표 옆에는 공간을 남겨두라. 충분히 생각한 후에 그 목표를 실현시키기 위해 무엇이 필요할지 적어보라. 그런 후에 어

렵지만, 그것에 맞춰 실행해 나가라.

나쁜 기분 유지하기

1. 지루하다면 가만히 앉아서 권태로움 속에 빠져 있으라. 하나님은 우리의 삶이 생명력 있고 생산적이기를 원하셨지만, 어떤 상황에서든 부정적인 면에 머무르라.

2. 자신에게 아무 것도 변하지 않을 거라고 확신을 주라.

좋은 기분으로 살아가기

1. 일에 지쳤을 때 해야 할 필요성이나 개선될 수 있는 상황을 찾아보라. 상사와 이야기를 나눌 수도 있다.

2. 친구관계에서 지루하다면, 재미의 요소를 찾기 위해 어떻게 할 수 있을지 다른 사람과 얘기해보라.

3. 강좌를 듣거나 새로운 취미를 시작해보고, 하고 싶었던 것을 시작해보라.

4. 지루함을 기회로 전환하는 것은 당신을 인격적으로, 직업이나 관계에 있어서 앞으로 전진해 나가도록 도울 것이다.

8.
사람들은 왜 탈진하는가?

　　과학자들은 "탈진", 혹은 "소모"라는 용어를 사용하는데, 소모라는 단어는 연료를 다 써버린 엔진에나 사용되던 용어였다. 소모, 혹은 탈진(정신적 탈진을 말함)은 오랫동안 너무 많은 스트레스 속에서 열심히 일하다 생기는 것이다. 그것은 균형을 잃게 만든다.

　　마샬 대학의 사회학 조교수인 캐롤린 카 박사는 말한다.

　　역사상 그 어느 때도 오늘날만큼 소모 증후군의 위험수위에 있는 사람들이 많았던 적은 없다. 이유는 간단한다. 더 많은 사람들이 일을 하고 있기 때문이다. 그리고 현존하는 직업들에는 큰 경쟁이 존재한다. 물가상승은 많은 사람들이 일을 해야만 한다는 엄청난 압력을 주고 있다.

1. 어떤 사람들이 탈진하는가?

특별히 쉽게 '탈진' 하는 사람은 스트레스가 많은 상황에 있는 사람들이다. 그리고 '소모' 는 한때 자신의 일을 사랑했지만 이제는 그것에 압도되어버린 사람들에게 적용되는 말이다.

그들은 더 이상 효과적으로 적응하지 못한다. 할 수 없다기보다는 대처할 열의를 잃어버린 상태이다.

탈진은 스트레스의 가장 심각한 형태이며 죽고 싶을 정도일 수 있다.

한 사람에게 끊임없이 요구하는 상황은 스트레스를 많이 받게 만든다. 스케줄은 점점 바쁘게 돌아가고 삶은 오래 써서 낡고 헤져버린 모양으로 자리잡았다. 가장 영향을 받기 쉬운 사람들은 상담자, 간호사, 의사, 선생님, 변호사, 과학자, 목사, 선교사 등과 같은 전문직 종사자들이다. 탈진에 빠지는 공식은 간단한다.

"사람 대 사람의 접촉 + 스트레스 = 탈진"

뉴욕의 심리분석가인 허버트 J. 프루덴버거에 의하면, 다음과 같은 사람들이 다른 사람들보다 더 쉽게 탈진된다고 한다.

1) 반드시 성공해야 한다고 생각하는 사람이다.

때로 이런 사람은 대단한 배경 출신이 아니다. 아마 밑바닥에서 힘겹게 올라왔을지 모른다. 가난한 가정 출신일 수도 있다. 어떤 지위의 사람이 되느냐가 그들에게는 정말 중요한 일이다.

성공을 인생의 유일한 것으로 보지는 않지만, 두 번째로 올 그 무엇에 선행하는 길이라고 생각한다. 간단히 말해서 성공하는 것은 이런 사람들에게는 게임과 같다.

이들에게는 중요한 것이다.

2) 너무 헌신된 사람들이다.

사역자들, 선교사들, 교회에서 일하는 사람들이 이 분류의 선두라고 말할 수 있다.

그렇다면 그리스도에 대한 그들의 헌신이 너무 지나치다는 것을 의미할까? 아니다.

일 자체에 대한 헌신이 지나치다는 것을 의미한다. 그들은 이 두 가지를 구분하기 힘들어 한다.

그들은 하나님께서 의도하지 않은 책임감이라는 짐을 지면서 결국 모든 것으로부터 도망치기를 원하기도 한다.

"아기를 목욕물에 둔 채" 말이다.

3) 극도로 경쟁적인 사람이다.

이런 형태의 사람은 자신만이 유일하게 그 일을 감당해낼 수 있다고 생각한다. 말로 하지는 않아도 자신이 절대적으로 필요한 사람이며, 자신이 18시간 거기에 없다면 모든 일의 진행이 무너질 거라고 생각한다.

이런 사람들은 책임을 남에게 위임하는 일을 절대 용납하지 못한다. 그리고 그렇게 해야 할 상황에서도 다른 사람에게 할당해준 그 일을 다시 돌려 받아서 자신이 끝을 낸다. 이런 사람이 직장에 있다면 탈진하는 사람은 분명 생기게 될 것이다.

탈진이란 새로운 것이 아니다. 요나와 엘리야와 같은 사람들도 탈진에 직면했던 사람들이다. 하지만 오늘날은 더 많은 사람이 경험하고 있다고 생각한다. 일의 생산성이나 효력을 따지기 좋아하는 사람들일수록 비틀거리기 쉽고, 지치거나 진력이 빠져버리게 된다. 탈진되는 과정과 증상들을 이해한다면, 자신을 어려운 상황에서 구해내는 데 도움이 될 것이다.

2. 어떤 증상이 나타나는가?

탈진의 증상은 우리 삶에 혼합되어 있는 세 가지 영역-신체적, 감정적, 영적-에 영향을 준다. 세 가지가 정확하게 나누어지지는 않지만, 각각에 해당하는 확실한 증상이 있다.

1) 신체적 증상

신체적인 피로함은 가장 두드러지게 나타나는 증상이다. 탈진의 위기에 직면했다면, 당신은 늘 피곤할 것이다. 지친 상태로 침대에 눕게 되고, 또 지친 상태로 깨어나게 된다.

그리고 하루 종일 지쳐있는 상태로 일하게 된다. 사실 이런 사람들은 잘 때도 피곤하게 자며, 피곤한 생활 속에서 쉽게 벗어나지 못한다. 모임에서 모임, 약속과 약속을 쫓아다닌다.

어느 땐 세상의 움직임을 멈추고 잠깐 그곳에서 내렸으면 하지만 달리 방법이 없다. 또한 다음과 같은 증상들로 인해 고통스러울 것이다.

두통, 위장장애, 체중변화(일반적으로 체중감소이지만 그 반대일 수도 있다), 불면증, 고혈압, 그리고 심장질환 같은 증상 말이다.

이것들은 다 꾸며낸 이야기가 아니다. 실제로 일어나는 일들이다.

연료를 다 소모해버린 엔진처럼 우리의 삶에서 생기 있고 의미 있게 해주는 신체적이고 감정적인 자원들은 금방 소모될 것이다.

2) 감정적 증상

탈진은 성격에도 엄청난 변화를 가져다 준다. 동료들과의 토론이나 회의 가운데 주로 중요한 역할을 했고, 활발하며 외향적인 성격의 사람들이 갑자기 조용하고 소극적이며 내향적으로 변할 수 있다.

예전에는 집에서 아이들과 야단법석을 떨고 집안일에 대한 열성도 있었는데, 지금은 내키지 않고 오히려 무관심한 사람이 되었다. 탈진되었을 가능성이 많은 사람들에게서 볼 수 있는 모습들이다. 그들은 모든 것에 흥미를 잃었다.

늘 억눌리는 통제 가운데 있었던 사람이라면 초조하고 때로는 적대적으로 변할 수도 있다. 의기소침해질 수도 있다. 딱딱하게 굳어서 아무런 변화도 주고 싶어하지 않을 수도 있다.

질문을 자신에 대한 도전으로 받아들이고, 제안을 반항으로 여기기도 한다.

3) 영적인 증상

소진된 사람은 하나님이 멀리 계시고, 냉담하며, 세상일에는 관심 없는 분이라고 느낀다. 그는 동료 기독교인들을 비판하고 성경책을 읽는 것에도 흥미를 느끼지 못한다. 읽는다 하더라도 별 감동을 느끼지 못한다. 교회에 빠지지 않는다 해도 형식적으로 임하게 된다. 그래서 교회에 출석했을 때도 예배를 올바르게 드리지도 못한다.

3. 탈진에 빠지는 네 가지 단계

탈진의 형태에는 네 단계가 있다. 사람들과 상담할 때 그들을 통해서 여러 단계의 모습들을 볼 수 있었다. 각 단계와 나타나는 특징은 다음과 같다.

1단계 : 도전 - 목적지향, 높은 기대수준, 이상적, 성취하려는 자

2단계 : 헌신 - 여전히 모험적인 삶, 강속의 질주, 세워가는 과정, 생
산적, 성취하는 도중

3단계 : 억제 - 무관심, 일중독, 목표에 의해 쫓기는 삶, 내몰려진 삶,
가치가 평가되지 않음, 빗나간 예상

4단계 : 속박 - 압도된 삶, 중단하고 도망감, 마약, 술, 섹스에 노출될
수 있음. 하나님과의 교제와 관계가 단절됨.

처음 두 단계는 그리 위험하지 않다. 그것은 생기 있고 생산적인 삶 가운데 충분히 있을 수 있는 일이다.

그렇지만 그 뒤의 두 단계는 해롭다.

어떤 한 사람이 인생에서 새로운 일을 시작할 때, 보통 자신 앞에 보이는 가능성으로 인해 종종 흥분하곤 한다. 이상으로 가득 차 있고 자신을 그 일에 쏟아 붓는 열의도 있다.

그러나 시간이 지나면서 그 사람은 두 번째 단계로 접어들게 된다. 이것도 일반적으로 생산적인 단계라고 할 수 있다. 삶은 아직 그 매력을 잃지 않았고 여전히 모험정신을 가지고 앞으로 더 나아가려 한다. 스트레스가 잘 조절되지 않으면 위험할 수 있는 때가 바로 이 시점이다.

두 번째의 단계는 금방 일상적이고 형식적으로 변할 수 있다.

세 번째 단계는 위험하다. 더 이상 자신의 목표를 추구하지 않을 때이다. 오히려 목적에 의해 자신이 요구된다. 소진되는 사이클 가운데 이 단계에 있는 사람은 바로 내몰린 상태이다.

게임은 아직 끝나지 않았지만 끝이 아주 가깝다. 마치 두 개의 스트라이크가 있고 투수의 빠른 공을 받아쳐야 하는 타자의 처지와 같다.

자신이 인정받지 못한다고 느낀다. 순교자 콤플렉스가 생겨난다. 그는 절대로 정상에 오를 수 없다고 생각한다. 도와주고 싶어하는 사람들에게는 상처를 줄 수도 있다.

소진된 사람은 어느날 아침에 일어나 자신에게 말한다.

"삶은 정말 이것이 전부인가? 그렇다면 살 만한 가치가 별로 없는 것 같아!"

함정이 생겨났다. 그는 네 번째 단계로 접어들게 된 것이다. 단순히 밖으로 걸어 나와 생의 문을 닫고 모든 것을 그만 둘 수도 있을 것이다. 그는 그 상황에서 뭔가 경험해야 한다는 생각에 압도되었다. 도망가고 싶어진다. 마약, 술, 심지어는 성적인 접촉까지 유혹으로 다가온다.

그와 가까이에 있는 사람들은 주로 상처에 노출된 사람들이다. 그래서 그들의 관계는 혼란스럽고 결국 깨져버린다.

최근 라디오 방송에서 탈진과 관련된 내용을 진행했었는데, 엄청난 양의 우편물이 쇄도해 들어왔다. 한 여성의 글을 통해서 네 번째 단계가 묘사된 것을 볼 수 있다.

"내 남편은 1월 어느 일요일 저녁, 식탁에서 일어나더니 갑자기 나를 떠났습니다. 이번 주에 당신의 세 번째 프로그램에서 묘사된 사람과 그는 아주 흡사한 것 같습니다. 나는 지금 그가 어디 있는지 모르기 때문에 그에 대해 내가 할 수 있는 것은 아무 것도 없습니다."

다음 편지도 아주 전형적인 내용을 담고 있는 편지이다.

"당신이 설명한 그 희생자는 은행에서 보조 관리인으로 일하고 있는 제 아내와 너무 똑같은 것 같습니다. 사실 그녀는 당신이 언급한 모든 것들로 인해 시달리고 있습니다.
당신이 내 삶을 정확하게 묘사한 것을 보고 충격을 받았습니다. 내 아내는 정신적으로 불구가 된 아이들을 위한 독서상담가이고, 나는 대기업의 정보관리인입니다. 우리 둘 다 그 병을 가지고 있습니다."

4. 탈진에 빠지는 사람들이 잊어버리는 중요한 사실들

1) 영적인 거인들도 진이 빠질 수 있다.

성경에서 엘리야의 엄청난 탈진상태를 볼 수 있다. 이 선지자는 혼자의 힘으로 450명의 바알 선지자와 대결을 벌였다(열왕기상 18,19장 참조). 그 대결로 인한 감정적이고 신체적인 소모는 엘리야를 탈진에 빠지도록 만들었다. 그래서 그는 이세벨의 도전을 받았을 때 지쳐서 그만 굴복하고 말았다. 그리고는 돌아서서 살기 위해 도망쳤다.

엘리야의 삶을 엿보면 영적인 거인들조차도 지치고 낙심할 수 있다는 것을 알려준다. 가장 신령한 사람들조차 탈진될 위험소지가 많다는 것이다.

2) 자연도 회복의 중요성을 가르쳐준다.

쉼과 회복의 시기는 늘 수확의 노고에 뒤따른다. 겨울이 오려면 가을을 거쳐야 한다. 이것이 땅이 기력을 회복하도록 정하신 하나님의 방법이다. 회복 없는 끊임없는 생산은 자연자원을 고갈시키며 생산량을 감소시킨다.

3) 성경은 '쉼'이 필수적이라는 사실을 가르친다.

예수님이 이웃 도시로 가서 사역하라는 명령을 내리신 70명의 제자들이 돌아왔을 때, 예수님은 다음과 같이 지시하셨다.

"흩어져서 잠시 쉬어라."

사도 바울은 사람들 속에서 사역하는 사람들이 탈진한다면 치명적인 위협이 될 수 있다는 것을 인식했다. 그는 명령했다.

"우리가 선을 행하되 낙심하지 말지니 포기하지 아니하면 때가 이르매 거두리라"(갈 6:9).

오늘날의 언어로 바울은 말했을 것이다.

"우리가 먼저 탈진하지 않으면 적정한 때에 거둘 것이다."

4) 하나님은 우리가 무엇을 하느냐보다 우리가 누구인지를 더 중요하게 생각하신다.

하나님의 시각을 잃어버릴 때 탈진할 가능성을 가진 사람들은 성취가 중요한 것이라고 느낀다. 그는 사람들보다 목표에 더 큰 가치를 둔다. 그래서 목표에 도달하는 것은 무엇보다 중요하다. 그 목표는 그 자체만으로도 좋은 것일 수 있다. 그러나 문제는 그 목표가 어떻게 성취되느냐에 달려 있다.

한 사람이 탈진할 위기에 있을 때, 그 사람이 어떤 분야에 있든지 가정은 늘 영향을 받게 된다. 더욱이 결혼생활은 심각하게 위협을 받는다.

탈진의 주인공은 정말 괜찮은 정치가였을 수도 있다. 그러다 그는 거대한 조직과 존경의 대가인 선행의 유산을 남기고 떠날 수 있다. 그런 사람이 탈진할 때 그 가족은 대가를 치러야 한다.

당신이 예상되는 탈진을 막을 수만 있다면, 나중에 다가올 당신의 삶은 더 행복하고 생산적일 것이다. "묵혀 없애느니 써서 없애는 편이 낫다"라는 속담은 옳은 말일 수 있지만, 어느 것이 더 나은지 선택할 문제가 아니라는 생각이다.

하나님은 우리에게 둘 중 아무 것도 원하지 않을 것이다.

성경은 우리가 탈진하지 않고 목표에 도달할 수 있는 방법들을 묘사해 주고 있다.

5. 탈진하지 않고 목표에 도달할 수 있는 방법

방법 1. 가치관을 올바르게 하라.

예수님도 이 땅에 계실 때 팔레스타인에 있는 모든 사람을 치유하시지는 않았다. 절박한 필요 가운데 있었던 사람들 중에 많은 사람들은 쉽게 주님과 가까운 거리에 있었다.

그러나 예수님은 사역하기 위해 그들에게 가시지는 않았다. 주님께서도 이 세상에서 영적인 삶을 살면서 모든 일을 다 하실 수는 없었다.

당신도 혼자 온 세상의 짐을 다 짊어질 수는 없다. 당신이 살고 있는 도시의 문제조차도 말이다. 그러므로 당신이 탈진현상을 피하려고 한다면, 우선권을 하늘 아버지의 뜻에 두어야 한다.

하나님께서 당신에게 원하시는 것은 무엇인가?

하나님께서 당신에게 의도하는 것보다 당신이 스스로 자처하여 더 많은 짐을 짊어진다면, 당신은 너무도 왜소한 자신의 모습만 보게 될 것이고, 결국 그 일을 제대로 이뤄내지도 못할 것이다.

방법 2. 시간을 할애하라.

탈진을 피하기 위해 휴식을 취하고 회복을 위한 시간을 따로 내야 한다. 그것에는 영적인 회복도 포함한다.

유명한 작곡가가 "휴식 중에는 절대 음악은 없다. 그러나 음악을 만드는 과정은 있다"라고 했다.

당신이 시간을 내어 휴가를 다녀오면 그동안 해온 일들이 무너질 거라고 생각한다면, 당신은 탈진 사이클 속에 있다. 그것이 맞다면 당신은 무너질 수도 있는 시점에 와 있는 것이다.

예수님이 산이나 광야로 가신 것은 재미나 놀이를 위한 것이 아니라 기도와 휴식을 위한 것이었다.

그분은 감정적이고 영적인 자원을 회복하기 위해 한적한 곳으로 가셨다. 그리고 아버지의 뜻을 숙고하고 마음의 평정을 유지하고 돌아와서 성령의 힘으로 생산적으로 사역하실 수 있었다.

방법 3. 육체를 돌보라.

이것은 화장하고 머리를 빗질하며 거울 앞에서 오랫동안 시간을 보내라는 말이 아니다. 당신의 몸을 무시하지 말아야 한다는 의미이다.

탈진의 위기에 있는 많은 사람들은 테니스나 조깅, 아니면 다른 신체적 운동을 할 시간을 갖지 못할 만큼 늘 바쁘다. 그래서 그들은 보통 살이 찐다. 운동 대신에 냉장고로 향하고, 층계로 급하게 올라가면 한 시간 동안은 숨을 제대로 쉴 수가 없을 정도로 건강은 허약하다.

그러나 우리의 몸은 성령의 전이다. 그것을 보살필 필요가 있다. 육체는 적절한 식습관과 운동, 그리고 레크레이션까지 필요로 한다.

우리는 프로그램화될 수 있는 기계가 아니라 하나님의 형상을 따라 창조된 인간이다. 하나님의 소유인 인간의 몸을 가지고 있고, 그 몸에 충분한 관심을 보여주어야 한다.

방법 4. "아니오"라고 말하는 법을 익히라.

삶은 선택의 문제이다. 모든 선택이 좋고 나쁜 것으로 양분될 수는 없다. 각자 좋은 점들을 생각해서 최선의 것을 선택해야 한다. 때때로 그러한 선택은 참 어렵다.

우리는 이번 장을 시작할 때 자신이 모든 것을 해야만 하는 사람의 성격에 대해 이야기했다. 이런 사람은 게임을 시작할 때 두 종류의 사람이 있다고 생각한다. 기꺼이 하려는 사람과 능력 있는 사람이다.

그러나 그는 기꺼이 하려는 사람은 종종 능력이 없을 수 있고, 반면에 능력이 있는 사람은 종종 의지가 별로 없다고 생각한다.

이렇게 탈진할 가능성이 있는 사람은 스스로 더 많은 일을 맡는다. 일이 이루어지고 목적들이 성취되는 것을 확인하기 위해서이다. 결국 그가 접하는 문제들도 모두 현실화된다. "아니오"라는 말이 그의 사전에는 절대 없다. 그러나 그 사람이 다른 사람에게 일을 넘길 수 없는 사람이든 아니든 간에 그는 그 말을 사용할 줄 알아야 한다.

최선의 적은 무조건 '좋다' 라고 말하는 것이다.

우리는 다음과 같이 말하는 것을 익혀야 한다.

"나는 그 책임을 맡고 싶지만 지금의 업무만 봐도 그건 불가능합니다. 너무 고맙지만 나의 대답은 '아니오' 입니다."

방법 5. 책임을 위임해 주라.

그것은 사무실에서 뿐만 아니라 집에서도 마찬가지이다. 그 일을 맡겨주는 사람보다 당신이 그 일을 훨씬 잘 할 수는 있다. 그래서 아마 당신이 책임을 맡고 있을 것이다. 그러나 책임을 맡고 있다는 것은 맡길 수도 있다는 것을 뜻한다. 맡길 수 있다는 것은 다른 사람에게 권한을 양도해 주어 그 사람도 그 일을 해낼 수 있도록 돕는 것을 의미한다.

일단 어떤 것을 맡겨주었다면 좀 느슨해지라.

드와이트 L. 무디(Dwight L. Moody)가 다음과 같이 말했다.

"성공적인 사람은 10명이 해낼 일을 하는 사람이 아니라 10명에게 그 일을 하게 만드는 사람이다."

우리는 이미 탈진이 정서적인 삶뿐 아니라 영적인 삶에도 영향을 줄 수 있다는 것을 알았다. 아마 탈진한 사람들은 하나님과의 관계가 긴장되고 스트레스 가운데 있다는 것을 보게 될 것이다.

왜냐하면 그들은 가족과 보낼 수 있는 시간이 없다고 하는 것처럼, 그분을 향한 시간도 없다고 생각하기 때문이다. 성경을 읽을 때 마음을 차분히 할 수 없고, 읽고 있는 것에 집중하지 못하기 때문에 성경을 충분히 받아들일 수 없는 것이다.

어떤 의미에서는 시간낭비라고 느껴지기 때문에 그냥 제쳐두고 그만 잠들어 버리기도 한다. 마치 일과 사역, 가족을 모두 포기해버리고 싶을 때처럼 영적으로도 포기하고 싶어한다.

영적 생존에 비밀이 있다면, 예수 그리스도를 통한 하나님과의 관계가 매일 지속되어야 한다는 것이다. 관계라는 것은 결코 인생에 있어 1회로 성공할 수 있는 성질의 것이 아니다. 예수님과의 관계 또한 이런 면에서 다르지 않다.

바울이 말했다.

"그러므로 우리가 낙심하지 아니하노니 우리의 겉사람은 낡아지나 우리의 속사람은 날로 새로워지도다"(고후 4:16).

매일의 회복은 하나님과의 조용한 교제의 시간을 포함한다.

성경말씀을 읽고 기도함으로써 그분을 향해 마음을 열면서 하루를 시작하는 것이 가장 효과가 있다. 말씀을 읽는 것이 기계적이 되고, 행동으로 실천하려 해도 아무 것도 영감을 얻지 못하며, 기도하지만 하늘은 구릿빛으로만 보일 때, 이것은 위험한 징조이다. 이것은 삶이라는 계기판에서 번쩍이는 적신호이며, "너무 빨리 가고 있어, 속도를 좀 늦추라구!"라는 의미로 받아들일 수 있다.

6. 해답은 무엇인가?

자동차를 운전하며 고속도로를 가고 있는데, 계기판의 빨간 불빛이 기름 압력이 낮다고 말한다. 엔진은 아직 좋아보이고, 가속 페달을 밟으면 무리없이 작동된다.

어떻게 하겠는가? 불빛을 무시하고 운전을 계속할 수도 있고, 차를 옆으로 잠깐 세워두고 무엇이 잘못되었는지 알아볼 수도 있다. 경고하는 불빛을 무시하더라도 자동차는 잠깐 동안은 운행이 될 것이다. 그러나 그 후에는 타버릴 것이다.

당신은 죽게 될지도 모른다. 끝이 나는 것이다!

‘헌신’이라는 단계에서 ‘속박’의 단계로 옮겨졌다고 경고하는 신
호를 볼 때, 당신은 어떻게 하는가?

그냥 무시하는가? 아니면 어떤 행동을 취하는가?

우선은 신호를 직시하라. 그것에 대하여 무엇을 해야 할지 아는 것
이 필요하다.

행동을 취하기에 충분히 동기부여가 되는 것은 또 다른 문제이다.
그런데 중요한 것은 당신의 아내가 그 일을 해줄 수 없고 남편 또한
대신할 수 없다는 것이다. 오로지 당신만이 할 수 있다.

오스트레일리아에서 기독교 사역을 하는 전문가들에게 탈진의 문
제에 초점을 맞춘 시리즈 강의를 했었다. 그 강의의 한 참석자가 강
의가 끝난 뒤에 내게 와서 말했다.

“탈진의 단계에서 당신이 주목하지 않은 단계가 한 가지 더 있습
니다!”

“그게 뭡니까?”

내가 물었더니, “그것은 회복되는 것입니다”라고 그가 대답했다.
맞다. 이미 탈진된 사람들에게 모든 것이 영원히 정지될 수는 없다.
또 행동을 변명하기 위한 논리적 근거로 탈진을 사용할 수도 없다.
회복과 치유를 통해 무너지지 않을 출구가 있기 때문이다.

한 여인이 이와 같이 돌아오는 것을 묘사했다.

"3년 전에 나는 탈진을 경험했다. 그리고 지금은 원래 상태로 돌아가고 있습니다. 남편과 나는 헤어지기를 결심할 정도로 사이가 벌어졌는데, 중간에 아름다운 일이 생겨났습니다. 13살, 7살, 그리고 2살 먹은 세 아이와 함께 나는 하나님의 엄청난 도움으로 무척 행복한 삶을 되찾았습니다. 우리는 다시 회복되었습니다. 당신의 프로그램과 테이프들은 우리의 결혼과 영적인 생활을 소생시키는 데 정말 많은 도움을 주었습니다."

처음 당신을 탈진하도록 이끈 습관들과 행동양식들은 회복과 치유에 도전하도록 당신을 이끌 것이다.

당신은 돌아올 수 있다. 오래된 낡은 습관들을 바꾸기 시작할 때, 당신 삶의 영역들을 여러 갈래로 갈라놓은 자존감은 회복되기 시작하고, 마음속에 평화가 넘쳐 날 것이다.

희생과 결단은 결국 정말로 가치 있는 일이 될 것이다.

당신이 탈진할 위험에 놓여 있을 때 기억하라. 반드시 돌아올 수 있다는 것을 말이다.

브래드는 경영학 석사 과정을 수석으로 졸업했다. 그는 기업의 승진 단계를 하나하나 올라가기 시작했고, 학교에서처럼 직장에서도 성공했다. 그래서 성공으로 인한 부산물들도 갖고 있었다. BMW, 롤렉스, 엘리트 컨트리 클럽의 회원 등 어디로 가든 따라붙는 증표 같은 것 말이다. 그에게는 아내와 어린 두 아들이 있다. 교회에서는 네 개의 위원회에 속해 있다. 그 중에 하나는 회장으로 있다. 그는 자신의 삶을 좋아하지만, 많은 시간 내내 피곤을 느끼며, 잦은 저녁 모임은 아이들과의 농구게임을 못하게 만든다. 최근에 그는 입맛이 없어서 점심을 거르기 시작했고, 등아래쪽의 근육경련이 잦아지기 시작했다.

1. 그가 탈진될 수 있는 신호는 무엇인가?
   각 사람은 각자 다른 양의 스트레스와 일을 감당할 수 있다. 만약 브래드가 많은 활동들을 다 유지하고 싶다면, 그가 실전에 적용해야 할 필요가 있는 것들은 무엇이 있는가?

2. 열심히 일하는 것은 좋은 것이다. 그러나 열심히 일하는 것이 균형을 깨뜨리게 한다는 것을 경험한 적이 있는가?
   창조적인 힘으로 작용하여 당신의 삶에 다시 균형을 찾게 해준 것은 무엇인가?

3. 탈진의 네 가지 단계 —도전, 헌신, 속박, 파괴—를 점검해보라. 직장과 집, 인격적으로 당신은 어느 단계에 있는가?
   지금 당신을 회복의 단계로 이끄는 것은 무엇인가?

4. 우리는 많은 내적 분쟁들에 대해 논의를 했다.
   우리가 이 책에서 다루지 않은 내적 분쟁은 어떤 것이 있을까?
   이 책에서 제시한 정보들은 그 분쟁을 이기기 위해 어떻게 사용할 수
   있는가?

나쁜 기분 유지하기

1. 많은 사람들이 자신이 원하는 생활방식을 갖기 위한 방법이 그저 열
   심히 일하는 것이라고 믿는다. 그러나 그런 물질적인 보상에 근거한
   선택을 정당화하려는 것은 옳지 못하다.

2. 크게 보이는 것이 당신의 가치를 말해준다는 생각에 사로잡혀 자신을
   내몰아 가는 것도 결국 상처를 줄 것이다.

3. 당신 삶의 계기판에 나타난 적신호를 무시하라.

좋은 기분으로 삼기기

1. 자신에 대해 진지하게 검토해보고 자신의 어떤 성격이 탈진할 가능성
   을 초래할 수 있을지 생각해 보라.

2. 우선권을 두고 당신이 맡은 책임들을 균형 있게 만드는 것은 도움이
   될 것이다.

3. 가끔은 어떤 일을 중간에 포기할 수 있도록 자신을 허용하라. 죄책감
   을 느낄 필요 없이 말이다.

전쟁에서 엄청난 공을 세운 한 할아버지가 어느 따뜻한 일요일 오후에 손자들을 현관 밖에 앉히고 그의 용맹스러운 이야기들을 재미있게 해준다. 그는 연대의 기를 들고 있었고 총알들이 사방에서 날아오고 있었지만, 언덕의 정상을 향해 달려가서 적들이 보는 앞에서 기를 자랑스럽게 꽂았다고 말했다. 이야기를 마친 후에 그는 아이들이 이렇게 말해주기를 기대하고 있었다.

"와, 정말 대단해요. 할아버지, 다른 얘기도 들려주세요."

그러나 한 아이가 골똘히 생각에 잠겨있다가 물었다.

"그런데 할아버지, 그래서 어떻게 되었죠?"

이것은 자신과의 갈등을 이기기 위해 우리가 했던 논의 후에 여러분들에게 남겨주고 싶은 질문이다.

이 책을 읽고 난 후의 결과로 당신의 삶은 어떻게 달라질 수 있는가?

끝을 봐야 한다는 결심을 했다면 어떤 것인가?

여기서 어디로 가겠는가?

당신은 그 해답을 가지고 있는 유일한 사람이다.

오늘은 어제와 다르다. 하나님께서 현재의 하나님이 되시므로 오늘은 어제와 달라질 수 있다.

그분은 당신이 깊이 필요로 하는 부분에서 당신을 만나기를 원하신다.

지금까지 나는 우리를 대변하는 자신과의 갈등으로 인해 상한 기분때문에 가장 만연한 문제들을 짚어보려 했다. 우리 모두는 마음의 평화를 파괴하며 삶을 뒤흔드는 이런 내적인 강적들과 계속 싸워야 한다.

하지만 나는 우리에게 있는 평안과 완전함을 빼앗는 것은 하나님께서 우리의 삶을 향한 계획이나 목적과는 반대되는 것이라고 확신한다.

당신은 자신을 무너뜨리려 위협하는 적들과 싸워서 이길 수 있고, 하나님께서 원하시는 모습대로 당신에게 잠재되어 있는 것들을 풀어낼 수 있다. 하나님께서 친히 당신을 도우시기를 기도한다.

자신을 사랑하며 살기

지은이 ㅣ 헤롤드 세일라(Harold J. Sala)
발행인 ㅣ 김용호
발행처 ㅣ 나침반출판사

초판 1쇄 발행 ㅣ 2011년 3월 20일

등 록 ㅣ 1980년 3월 18일 / 제 2-32호
주 소 ㅣ 110-616 서울 광화문 사서함 1641호
전 화 ㅣ 본　사(02)2279-6321
　　　　 영업부(031)932-3205
팩 스 ㅣ 본　사(02)2275-6003
　　　　 영업부(031)932-3207

홈페이지 ㅣ www.nabook.net
이 메 일 ㅣ nabook@korea.com
　　　　　 nabook@nabook.net

ISBN 978-89-318-1428-6
책번호 마-3022

값은 뒷표지에 있습니다.